ISBN : 978-2-215-08312-2

Dépôt légal à la date de parution.
Conforme à la loi n° 49-956 du 16 juillet 1949
sur les publications destinées à la jeunesse.
Imprimé en France par Jean-Lamour - Groupe Qualibris (02-09)

imagia

DECOUVERTE DU MONDE

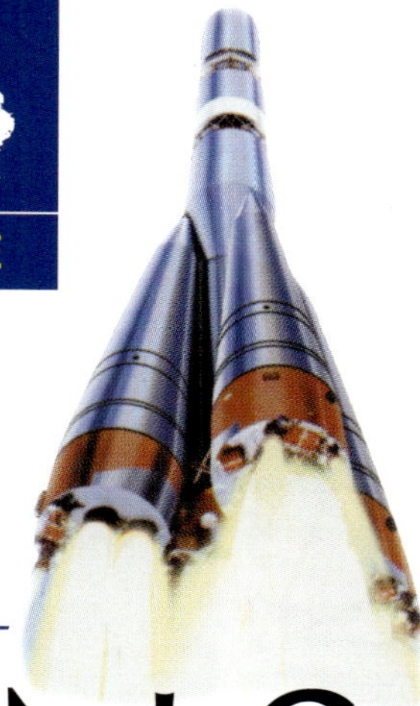

INVENTIONS

Conception
Émilie Beaumont

Textes
Philippe Simon
Marie-Laure Bouet

Dessins
Marie-Christine Lemayeur
Bernard Alunni
MIA : Giampietro Costa
Jacques Dayan

FLEURUS

GROUPE FLEURUS, 15-27, rue Moussorgski, 75018 PARIS
www.editionsfleurus.com

Utiliser la force du vent

Avec les grandes voiles qu'ils tendent sur leurs bateaux, les Égyptiens profitent au maximum de la force du vent pour remonter le courant du Nil.

Dès l'Antiquité, les hommes cherchent des sources d'énergie pour les aider dans leurs tâches. La force du vent est l'une des premières à laquelle ils pensent.

Les bateaux à voile égyptiens

Voici 4 500 ans, les Égyptiens tissent des voiles de papyrus ou de lin qu'ils tendent sur un mât. Ces voiles gonflées par le vent permettent aux bateaux de remonter le courant du Nil sans que les marins aient besoin de ramer.

Les moulins à vent

En Iran, aux environs du VIIe siècle ap. J.-C., la force du vent est employée pour moudre le grain, une tâche laborieuse et difficile. Des ailes fixées sur un axe vertical font tourner une meule en pierre. Pour bénéficier d'une puissance maximale, ces ailes sont installées dans des tours de pierre ouvertes du côté où les vents soufflent le plus souvent et le plus fort.

Des moulins plus adaptés

Les Arabes font connaître ces moulins à vent iraniens en Europe au XIIe siècle. Hélas, en Europe, les vents changent très souvent d'intensité et de direction. Ces moulins sont peu utilisables. La solution consiste à placer les ailes autour d'un axe horizontal sur des moulins qui pivotent.

Le vent pousse l'aile qui se trouve face à lui. L'aile suivante se trouve ainsi à son tour face au vent et subit la même poussée. En se répétant, ces mouvements font tourner la pierre supérieure de la meule. Les grains de blé sont écrasés.

: une idée ancienne

Le moulin à vent, tel qu'il est utilisé en Europe, au Moyen Âge.

Constituées de grandes toiles tendues sur un châssis de bois, les ailes sont légèrement inclinées pour mieux capter la force du vent. Elles sont efficaces quand le vent est faible mais deviennent fragiles quand la tempête se lève.

Un moulin perfectionné : l'éolienne

Son nom vient d'Éole, le dieu grec du vent. À partir du milieu du XIXe siècle, les éoliennes sont employées dans les fermes isolées pour actionner des pompes qui puisent l'eau des nappes souterraines.
Elles sont munies d'une queue qui leur permet de tourner, comme une girouette, lorsque le vent change de direction.

Du vent pour produire de l'électricité

Dans les années 1970, de nouvelles éoliennes appelées turbines sont apparues.
En tournant, leurs grandes pales entraînent des génératrices qui produisent du courant électrique.
Installées en haut d'un mât dans des endroits très exposés, ces éoliennes ont l'avantage d'utiliser une énergie inépuisable et de ne pas polluer. Mais elles ne produisent pour le moment que de petites quantités d'électricité.

Les pales de ces éoliennes s'orientent automatiquement dans la direction d'où souffle le vent.

Utiliser la

Fixés sur le pourtour de la roue, les godets se remplissent et se vident au fur et à mesure que la roue tourne, acheminant l'eau de la rivière vers les canaux d'irrigation.

Personne ne peut dire avec précision comment les hommes de l'Antiquité ont eu l'idée d'utiliser la force de l'eau pour actionner des machines. Cette utilisation a été rendue possible grâce à deux inventions : la roue et les engrenages.

Une roue pour irriguer les champs : la noria

Apparue en Mésopotamie 3 500 ans av. J.-C. (voir p. 26), la roue est rapidement employée pour de multiples usages, en particulier pour irriguer les champs. Les godets placés sur une roue se remplissent en passant dans la rivière puis se vident dans un canal supérieur. Lorsque le courant de la rivière est assez fort, la noria peut tourner seule, sinon elle est entraînée par un homme ou un animal. De nombreux historiens pensent que c'est en observant la noria tourner seule que les hommes ont eu l'idée d'utiliser la force de l'eau.

Dans le moulin ci-dessous, l'eau entraîne la roue qui entraîne elle-même par un système de rouages la meule à moudre le grain.

puissance de l'eau

L'eau retenue derrière le barrage possède une force phénoménale. Cette puissance entraîne les turbines qui actionnent les génératrices électriques. L'électricité est ensuite acheminée pour alimenter des villes entières.

Le moulin à eau

Les plus anciens vestiges de moulins à eau datent du premier siècle avant Jésus-Christ. Il s'agit de moulins romains servant à moudre des céréales mais les moulins à eau furent aussi utilisés pour entraîner des machines à broyer le chiffon pour la fabrication du papier.

Deux techniques d'entraînement

L'eau peut agir de deux manières : soit en chutant, soit en coulant. Dans le premier cas, une canalisation conduit l'eau au-dessus de la roue. En tombant sur les aubes, l'eau provoque le mouvement, comme sur le dessin de la page 8. Dans le second cas, la roue est placée directement dans le courant d'une rivière. Cette deuxième technique produit un mouvement beaucoup plus puissant.

Produire de l'électricité grâce à la force de l'eau

À la fin du XIXe siècle, quand la production d'électricité devient plus importante, de nombreux moulins à blé s'équipent de petites génératrices d'électricité. Celles-ci fabriquent le courant qui sert à éclairer quelques ateliers et maisons.
Dans le même temps, on pense à utiliser la force de l'eau retenue derrière les barrages qui servent à alimenter les villes en eau ou à irriguer les champs. L'eau du barrage fait tourner des turbines qui entraînent des génératrices électriques. Le courant produit par ces génératrices est ensuite acheminé par des câbles dans des villes situées parfois à plusieurs dizaines de kilomètres. On a aussi pensé à employer la force de l'eau engendrée par les marées. Ainsi, l'usine marémotrice de la Rance, en Bretagne, utilise cette force pour la production d'électricité.

La machine à vapeur

L'expérience d'Otto von Guericke au XVIIe s. Les hommes tirent sur la corde et soulèvent le piston qui coulisse dans le cylindre. Ensuite, on vide l'air qui se trouve sous le piston. La pression atmosphérique fait retomber le piston avec une telle force qu'il entraîne les hommes.

La machine à vapeur représente un progrès considérable dans l'Histoire. Pour la première fois, les hommes disposent d'une force mécanique qu'ils dominent totalement.

Comment fonctionne la machine à vapeur ?

Cette machine utilise la force que dégage la vapeur d'eau quand elle est comprimée. Cette force est connue depuis l'Antiquité. Héron d'Alexandrie, au Ier siècle ap. J.-C., l'emploie pour faire tourner une boule. L'eau contenue dans sa machine, appelée *Éolipile*, est chauffée. À 100 °C, elle se transforme en vapeur qui s'échappe par deux petits tuyaux. Cela a pour effet de faire tourner la boule. Cette découverte n'est ensuite appliquée dans aucun domaine, elle tombe dans l'oubli pendant dix-huit siècles !

Le vide et la pression de l'air

Au XVIIe siècle, on découvre que l'air qui nous entoure exerce une force appelée pression atmosphérique. À l'aide d'un piston qui coulisse dans un cylindre, l'Allemand Otto von Guericke montre que cette puissance peut vaincre la force de 16 hommes. Il suffit pour cela de vider l'air qui se trouve sous le piston (voir dessin).

Dans l'Antiquité, un Grec met en évidence la force de la vapeur : en s'échappant de deux côtés opposés l'un à l'autre, la vapeur fait tourner la boule.

: une révolution

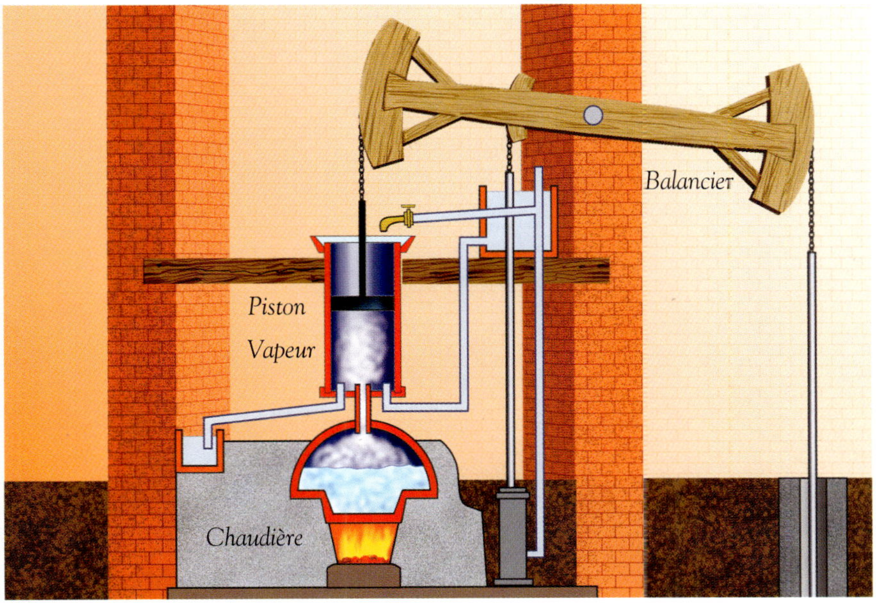

La machine à vapeur de Newcomen. Le mouvement de va-et-vient du piston dans le cylindre met le balancier de la pompe en mouvement.

Rapidement, la machine de Watt équipe des usines de textile, des locomotives, des engins agricoles...

Transformer le mouvement du piston

À l'intérieur de la machine, le piston va d'avant en arrière. Pour entraîner une roue, ce mouvement de va-et-vient est transformé en mouvement rotatif par l'intermédiaire d'une bielle et d'une manivelle.

La bielle (1) entraîne la roue grâce à une manivelle (2). La machine à vapeur fait ainsi tourner les roues des premières locomotives.

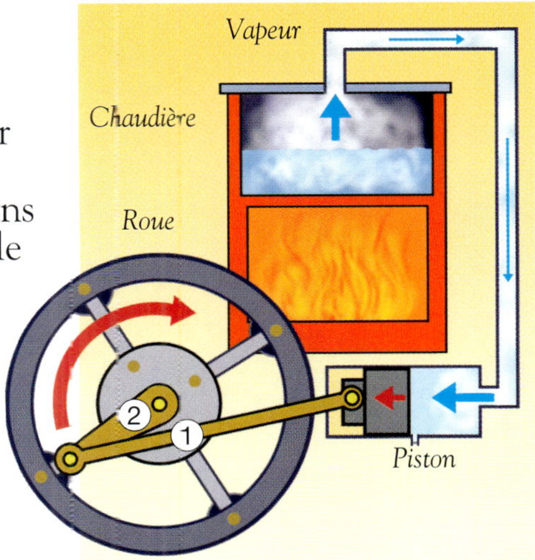

Ajouter la pression à la vapeur

En 1690, le Français Denis Papin s'inspire de l'expérience de Von Guericke. Mais, à la place des hommes, il utilise la force de la vapeur d'eau pour faire lever le piston. En se condensant, cette vapeur crée le vide d'air. La pression atmosphérique fait retomber le piston.

La machine de Newcomen

En 1712, les Anglais Thomas Savery puis Thomas Newcomen mettent au point la première véritable machine à vapeur : la pompe à feu. Elle est employée pour pomper l'eau qui s'infiltre dans les galeries des mines de charbon (voir schéma ci-dessus).

Le perfectionnement de James Watt

Cet ingénieur écossais présente en 1769 une innovation importante : dans sa machine, la vapeur agit alternativement de chaque côté du piston. Dans le premier mouvement, elle entre d'un côté et pousse le piston. Dans le second mouvement, elle entre du côté opposé et repousse le piston.
La machine fonctionne plus vite, sans à-coups, et avec plus de puissance.

Le moteur à explosion

Les moteurs des voitures actuelles sont toujours des moteurs à explosion. Le premier de ce type a fonctionné en 1860.

À la fin du XIXe siècle apparaît le moteur à essence. En quelques années, il détrône la machine à vapeur. Au milieu du XXe siècle, c'est le réacteur qui remplace les moteurs à explosion pour propulser les avions.

Remplacer l'encombrante chaudière

Pendant plusieurs dizaines d'années, de nombreuses tentatives se succèdent pour mettre au point un moteur plus petit, plus pratique et plus puissant que la machine à vapeur et son encombrante chaudière.

Dans ce moteur, on n'actionnerait plus le piston avec de la vapeur mais grâce à de la poudre qu'on ferait exploser directement dans le cylindre. Cette explosion pousserait le piston. Mais la poudre, trop dangereuse, est abandonnée. On essaie avec de l'alcool mais sans résultat.

Le succès d'Étienne Lenoir

En 1860, le Belge Étienne Lenoir emploie du gaz mélangé à de l'air qu'il

1er temps : *le piston descend et le mélange air-essence entre dans le cylindre.*
2e temps : *le piston remonte et comprime le mélange air-essence.*
3e temps : *la bougie produit une étincelle électrique qui enflamme le carburant. L'explosion repousse le piston.*
4e temps : *le piston remonte et chasse les gaz brûlés.*

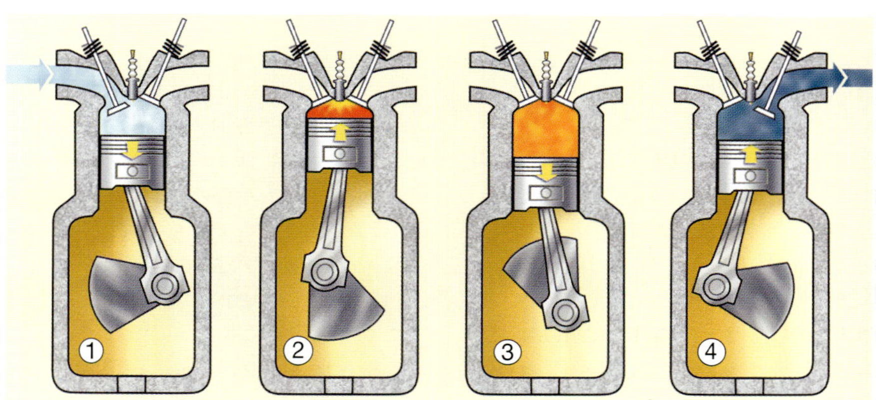

t le réacteur d'avion

En 1949, le Comet anglais est le premier avion de transport de passagers à réaction. Il possède 4 réacteurs.

allume avec une étincelle. Il réussit à faire fonctionner le premier moteur dit « à explosion ». Il en équipe un véhicule qui roule à 6 km/h, la vitesse d'un homme qui marche.

De lents progrès

Tout semble prêt, et pourtant, le moteur à explosion ne parvient pas à s'imposer. Il demeure trop gros, trop lourd et, surtout, il fonctionne au gaz, un carburant dangereux à manipuler et à transporter. Il faut attendre 1885 et le remplacement du gaz par de l'essence pour que le moteur permette la construction de voitures, de camions, de motocyclettes et d'avions.

Le réacteur d'avion

Dès les années 1930, des ingénieurs imaginent un moteur d'avion plus puissant que le moteur à explosion. Le réacteur qu'ils mettent au point n'a plus de pistons et l'avion n'a plus d'hélices. Le réacteur aspire l'air, le comprime* et le mélange à un carburant appelé kérosène. Dans la chambre de combustion, ce mélange brûle en dégageant une très grande chaleur et beaucoup d'énergie. Les gaz brûlés, lorsqu'ils s'échappent par la tuyère du réacteur, propulsent l'avion vers l'avant (voir dessin). Le réacteur est mis au point en Allemagne et en Grande-Bretagne dans les années 1930. Il permet de dépasser les 1 000 km/h. Il a d'abord équipé les avions de guerre puis, en 1949, des avions de transport de passagers.

L'air qui entre dans le réacteur est comprimé, mélangé à du kérosène (carburant) et brûlé. Il s'échappe avec une telle puissance qu'il propulse l'avion vers l'avant.

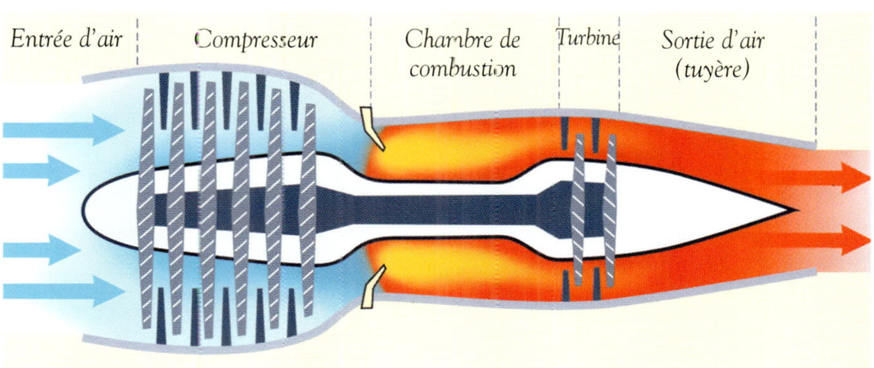

Des énergies

Les mines de charbon se sont multipliées à partir du XIXe siècle.

Le charbon, le gaz et le pétrole existent dans la nature. L'homme n'a pas inventé ces sources d'énergies fossiles, mais il a découvert comment les utiliser et les exploiter de multiples manières.

Que sont les énergies fossiles ?

Le charbon, le gaz et le pétrole ont été formés il y a plus de 300 millions d'années. Ils proviennent d'animaux microscopiques et de plantes qui, une fois morts, se sont décomposés, ont été recouverts par des couches successives de roches et ont subi une lente transformation qui leur a donné des propriétés énergétiques.

Des « pierres qui brûlent »

Les Chinois découvrent le charbon environ 1 000 ans av. J.-C. Ils ramassent ces « pierres qui brûlent » à la surface du sol et les utilisent pour faire fondre des métaux. En Europe, le charbon est connu depuis le XIe siècle mais, comme les forêts sont importantes, on préfère le bois. Au milieu du XVIIIe siècle, le bois devient rare. Pour fondre le minerai de fer, on emploie de la houille, une sorte de charbon. Des mines souterraines sont ouvertes pour exploiter cette source d'énergie.

De la houille au coke

La houille ne dégage pas suffisamment de chaleur. Pour la rendre plus efficace, on la chauffe à près de 1 000 °C sans la brûler. On obtient du coke qui donne entière satisfaction.

Le gaz éclaire les Chinois

Les Chinois connaissent le gaz naturel depuis le IVe s. av. J.-C. Des poches, situées à quelques mètres de profondeur, laissent parfois échapper du gaz qui s'enflamme au contact de l'air. Les Chinois acheminent ce gaz dans des canalisations de bambou et l'emploient pour s'éclairer.

De la fumée qui brûle

En Europe, on ignore tout du gaz jusqu'à la fin du XVIIIe s. En Grande-Bretagne, James Clayon s'aperçoit qu'en chauffant la houille pour la transformer en coke, du gaz s'échappe. En France,

venues du sol

Les premiers forages de pétrole vers 1860, aux États-Unis, à Cleveland.

l'ingénieur Philippe Lebon fait le même constat en chauffant de la sciure de bois dans une fiole. La fumée qui se dégage s'enflamme et produit de la lumière. Depuis les années 1950, on exploite des gisements de gaz naturel ; des canalisations souterraines amènent le gaz dans les maisons où il sert pour le chauffage et la cuisine.

Le pétrole, une roche liquide

Sous l'Antiquité, on l'appelle « huile de roche ». Cette roche liquide remonte du sol, elle se mélange avec du sable, et les Phéniciens, qui habitent l'actuel Liban, récupèrent cette pâte appelée bitume. Ils l'étalent alors sur les coques de leurs bateaux pour les rendre étanches. Au IVe siècle av. J.-C., les Chinois brûlent le pétrole liquide pour s'éclairer. Ils s'en servent aussi pour briser des roches : ils enduisent les pierres de pétrole et y mettent le feu. Sous l'effet de la chaleur, les pierres se fendent !

Première exploitation

Au XIXe siècle, aux États-Unis, des mineurs qui extraient du sel de gisements souterrains voient apparaître de plus en plus souvent du pétrole. L'un d'eux décide de faire examiner ce liquide. On découvre que le pétrole peut être brûlé pour s'éclairer et qu'il est possible d'en tirer des huiles pour les machines. Le premier forage a lieu en août 1859 aux États-Unis. Plus tard, on raffine* le pétrole pour en extraire des carburants (essence, gasoil, kérosène).

Le trépan fore la roche jusqu'à la nappe de pétrole. Celui-ci remonte à la surface sous la pression du gaz.

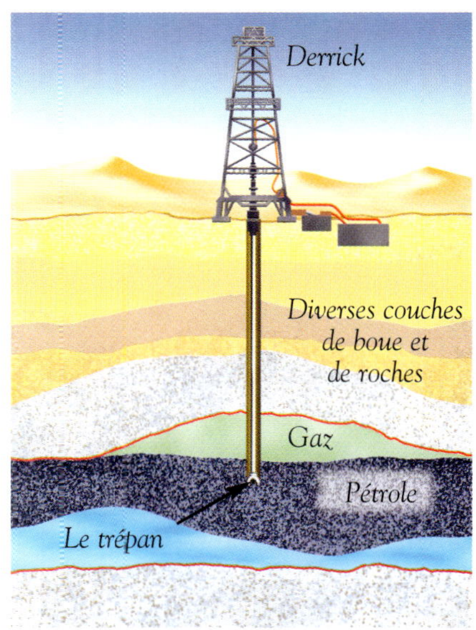

Une découverte lumineu

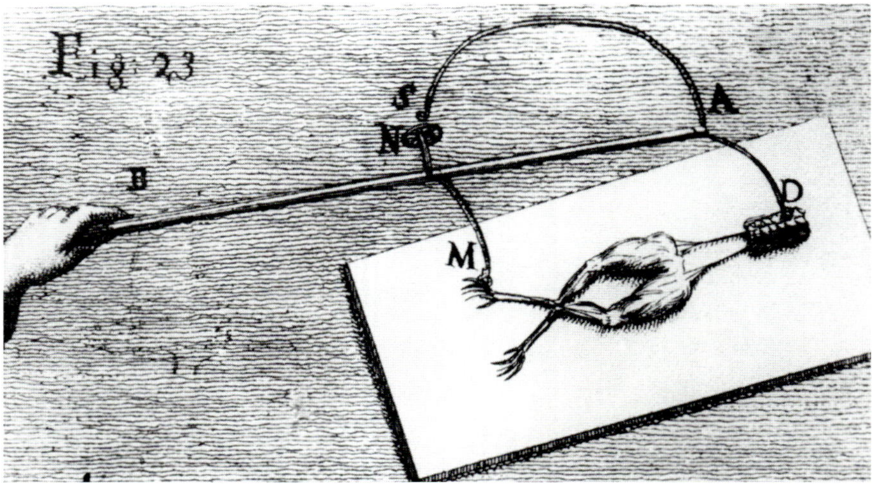

En 1786, l'Italien Galvani réalise des expériences de décharges électriques sur des cuisses de grenouille. Ses constatations permettent une formidable avancée dans la connaissance de l'électricité.

Dans l'Antiquité, les Grecs avaient observé des manifestations naturelles du courant électrique. Mais ce n'est qu'au XIXe siècle que l'homme apprend à produire et à utiliser cette énergie sans laquelle nous aurions beaucoup de mal à vivre aujourd'hui.

Qu'est-ce que l'électricité ?

C'est un courant d'électrons, des particules invisibles au microscope, qui circulent entre deux pôles, les deux bornes d'une batterie par exemple. Cinq cents ans avant Jésus-Christ, un savant grec, Thalès de Milet, constate l'existence de l'électricité en frottant un morceau de laine contre de l'ambre (une résine naturelle). L'ambre, chargée d'électricité statique, attire les matériaux comme des cheveux ou des brins de paille.

Générer le courant

Au XVIIIe siècle, cette électricité passionne les savants qui construisent des machines, les générateurs, pour produire de petites quantités d'électricité statique (voir ci-contre). Hélas, personne ne parvient à employer cette source d'énergie.

Les grenouilles de Galvani

Tout change avec deux savants italiens : Luigi Galvani et Alessandro Volta. Le premier mène des expériences sur le fonctionnement des muscles des cuisses de grenouille morte. En 1786, à l'aide d'une génératrice, il leur applique des décharges électriques. Il s'aperçoit qu'une décharge très courte provoque une contraction des muscles de l'animal !

L'opticien britannique Ramsden présente, en 1768, un plateau de verre qui frotte sur des morceaux de velours. Quand on fait tourner la plaque avec une manivelle, du courant électrique circule entre les tissus et le verre.

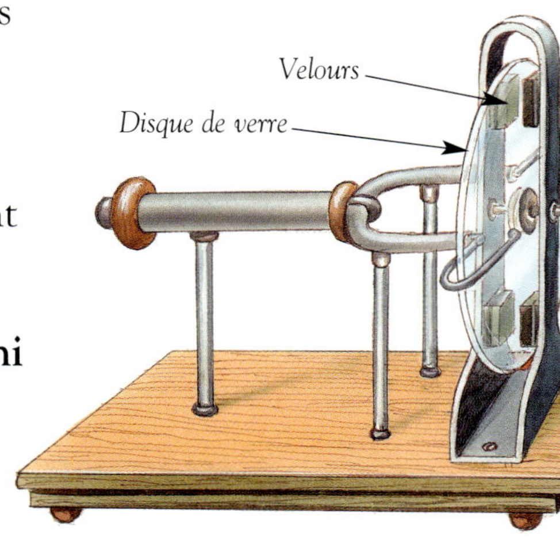

se : le courant électrique

En 1800, Volta présente sa pile électrique à Napoléon Bonaparte.

La pile de Volta

Alessandro Volta, lui aussi italien, explique cette expérience : un courant s'est établi car le muscle mettait en relation la plaque de laiton sur laquelle la cuisse était fixée et la pointe du scalpel en cuivre. L'humidité des chairs a permis cette production d'électricité. À partir de cette constatation, Volta fabrique la première pile électrique. Il empile des disques d'argent et de zinc entre lesquels il glisse des feuilles de papier mouillées d'eau salée. Cette humidité déclenche une réaction entre l'argent et le zinc : un courant électrique très faible circule.

L'électricité fait perdre le nord à la boussole

En 1820, le Danois Hans Christian Oersted fait une étonnante découverte : lorsque du courant circule auprès d'une boussole, l'aiguille de celle-ci s'affole et n'indique plus le nord.

L'électricité agit donc comme un aimant.

Cette découverte va permettre d'utiliser l'électricité pour actionner des moteurs.

Deux aimants qui s'opposent

En 1832, William Sturgeon présente en effet un moteur actionné grâce à un courant électrique. Celui-ci est constitué d'une bobine de fil en cuivre qui tourne sur un axe. De chaque côté se trouvent des aimants. Dès que le courant électrique circule dans la bobine, une force se crée entre la bobine et les aimants. Instantanément, la bobine tourne sur son axe.

Dès que la bobine de la dynamo tourne entre les deux aimants, un courant électrique circule : l'ampoule s'allume.

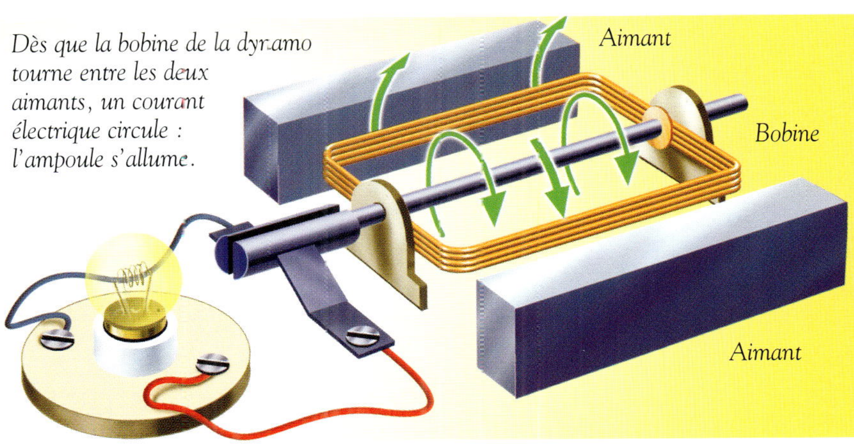

En 1878, Edison découvre un filament qui produit de la lumière dès qu'un courant électrique le traverse. Il place ce filament dans un flacon de verre qu'on appelle ampoule et qui donne son nom à l'invention.

Une dynamo pour produire de l'électricité

Une fois démontré que l'électricité peut servir à faire fonctionner des moteurs, il est indispensable de produire de l'électricité en grande quantité. Tout au long du XIXe siècle, les ingénieurs cherchent un moyen de produire un courant électrique qui soit plus puissant que celui produit par les génératrices électriques. En 1870, le Belge Zénobe Gramme présente sa dynamo. Celle-ci est composée des mêmes éléments que le moteur : une bobine de fil entourée de deux aimants (voir p.17). En faisant tourner la bobine, un courant électrique s'établit. C'est exactement ce qui se produit quand la roue entraîne la dynamo d'un vélo.

La lumière de M. Edison

L'Américain Edison sait que l'électricité provoque de la chaleur. Il place un filament entre deux fils électriques et teste plusieurs matériaux : coton, lin, bois, cheveux, poil d'éléphant ! Il choisit finalement des fibres de bambou du Japon. Quand l'électricité passe, le filament chauffe : il devient blanc et dégage une lumière vive. Mais, au contact de l'air, le filament ne tarde pas à s'enflammer. Thomas Edison décide alors d'enfermer ce filament dans une petite cloche de verre, l'ampoule, qu'il vide de son air. Ainsi, le filament ne brûle pas. Plus tard, on remplace le bambou par du tungstène, un métal très résistant.

Des génératrices électriques à vapeur

Pour que ses ampoules éclairent, Thomas Edison a besoin d'électricité en grande quantité. Il améliore la dynamo de Gramme et fait construire des centrales de production. Les génératrices sont entraînées par des machines à vapeur. En 1884, en France, on pense à utiliser la force de l'eau pour produire de l'électricité, ainsi apparaissent des barrages hydroélectriques (voir p. 9).

L'énergie atomique

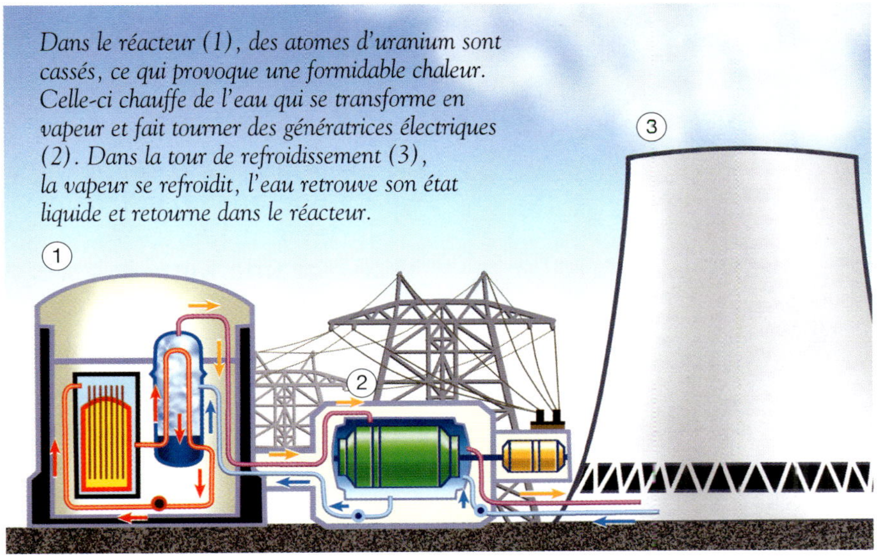

Dans le réacteur (1), des atomes d'uranium sont cassés, ce qui provoque une formidable chaleur. Celle-ci chauffe de l'eau qui se transforme en vapeur et fait tourner des génératrices électriques (2). Dans la tour de refroidissement (3), la vapeur se refroidit, l'eau retrouve son état liquide et retourne dans le réacteur.

Au milieu du XXe siècle, les scientifiques découvrent un moyen totalement inconnu et tout à fait inouï de produire de l'énergie : casser des atomes.

L'atome, la plus petite partie de la matière

Qu'elles soient solides comme l'acier, liquides comme l'eau ou gazeuses comme l'air, toutes les matières sont constituées d'atomes. Ces particules, qu'on ne peut voir qu'avec des microscopes électroniques, possèdent un noyau autour duquel tournent des électrons. La connaissance de l'atome s'accroît très rapidement à la fin du XIXe siècle.

Un étrange rayonnement

En 1896, le Français Henri Becquerel dépose des morceaux d'un minerai très rare, l'uranium, sur une plaque photographique. Étonnamment, l'uranium a émis un rayonnement inconnu qui a laissé une empreinte sur la plaque photo. Avec Pierre et Marie Curie, Henri Becquerel énonce le principe de la radioactivité. Les atomes de ces minerais ont la particularité d'émettre des rayonnements.

La fission de l'atome

En étudiant ces minerais très radioactifs, plusieurs savants européens découvrent qu'en cassant un de ces atomes, on déclenche une réaction en chaîne (voir schéma). Ce phénomène, appelé fission nucléaire, dégage une énorme quantité de chaleur. C'est cette fission nucléaire que provoquèrent les bombes atomiques larguées par les Américains au-dessus du Japon en 1945.

Le neutron casse l'atome. Celui-ci libère des neutrons qui vont à leur tour casser d'autres atomes et ainsi de suite.

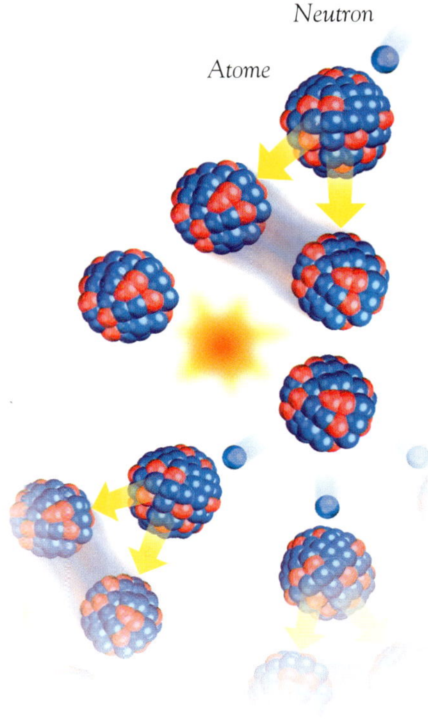

La découverte

Pendant des milliers d'années, l'homme a fabriqué ses outils avec des pierres. Voici environ 6 000 ans, il utilise un minerai extrait du sol : le cuivre.

Le cuivre

C'est le premier métal que l'homme extrait du sol. De couleur brillante, il est d'abord utilisé pour confectionner des bijoux, des épingles... On lui donne sa forme en le frappant avec des pierres. On découvre que le métal est plus mou quand on l'a chauffé mais on ignore encore que l'on peut le fondre, c'est-à-dire le chauffer suffisamment pour qu'il devienne liquide et lui donner une forme en le versant dans un moule.

Le bronze, premier alliage de l'Histoire

Le travail des fondeurs débute 5 000 ans av. J.-C. Avec le cuivre liquide, ils façonnent des haches et des couteaux... L'homme quitte alors définitivement l'âge de la pierre pour celui des métaux. Le cuivre, seul, est un métal relativement mou, trop mou pour en faire des armes solides.
Les forgerons parviennent à le rendre plus dur en le mélangeant avec de l'étain, un autre minerai. Ils fabriquent ainsi le « bronze » qui permet la fonte d'armes plus résistantes. Dans le même temps, les hommes construisent des fours dans lesquels il est plus facile d'atteindre de hautes températures.

Le cuivre est le premier métal que les hommes travaillent. Puis ils découvrent qu'ils peuvent le fondre et le couler dans des moules. La mise au point de fours permet d'obtenir des températures plus élevées et de faire fondre du minerai de fer.

Le fer

Aux environs de 1500 av. J.-C., les forgerons réussissent à élever encore les températures de leurs fours en utilisant notamment des soufflets à air. Ils peuvent alors faire fondre et mouler du minerai de fer. Dès lors, ont peut réaliser des socs de charrue, des marteaux, des faux...

L'acier

À partir du XVIIIe siècle, le fer est fondu en mélangeant du minerai et du charbon, en particulier du coke (voir p. 14/15). Dans un four appelé haut-fourneau,

des métaux

sont entrées des couches de minerai et des couches de charbon auxquelles on met le feu. Au pied du haut-fourneau, coule un métal en fusion, la fonte. La fonte contient du carbone qui provient du charbon et qui la rend cassante. Longtemps, on cherche donc comment purifier la fonte et la rendre plus résistante. Une étape importante est franchie avec le Britannique Henry Bessemer. Celui-ci a l'idée de faire brûler le carbone pendant que la fonte est encore en fusion. Il injecte de l'air sous pression dans le four. Le métal, ainsi débarrassé du carbone et d'autres impuretés, est appelé acier.

L'aluminium, léger et résistant

Au XIXe siècle, on découvre un nouveau métal : l'aluminium. Cependant, il ne se trouve pas seul dans le sol. Il est toujours mélangé à d'autres substances. Il faut donc l'isoler. En 1886, deux ingénieurs qui ne se connaissent pas, l'un français et l'autre américain, utilisent l'électricité. Sous l'effet du courant, le métal en fusion se décompose et l'aluminium se trouve attiré par l'une des bornes électriques. Beaucoup plus léger que l'acier mais tout aussi résistant, ce nouveau métal est rapidement utilisé pour fabriquer des boîtes de conserve, des casseroles, d'autant qu'il ne rouille pas.

Le fonctionnement d'un haut-fourneau au XIXe siècle. Les ouvriers font couler la fonte en fusion qui est aussitôt moulée en grandes barres.

L'argile

Nul ne sait comment les potiers ont inventé le tour rond mobile autour d'un axe, mais il est fort probable qu'ils l'aient utilisé avant que la roue équipe les chariots.

Le tour du potier

Pour façonner ses poteries, le potier peut creuser une boule d'argile mouillée d'eau (1). Il peut également rouler des boudins de terre, appelés colombins, qu'il place les uns sur les autres (2). Il lisse ensuite soigneusement l'ensemble. 3 500 ans av. J.-C., en Mésopotamie, les potiers s'aident d'un tour (3). Il s'agit d'une forme de roue posée à plat sur laquelle le potier met sa boule de terre. En faisant tourner la roue à la main ou au pied, l'artisan peut donner à la terre des formes plus régulières et aussi plus complexes.

Lorsque les hommes deviennent agriculteurs, ils ont besoin de récipients pour stocker leurs récoltes. On imagine que c'est ainsi qu'ils ont commencé à confectionner des poteries d'argile.

Grâce à l'argile, les hommes moulent les premières briques de construction.

De la terre séchée et cuite

Les premières poteries ne sont que des récipients en argile séchés au soleil. Ensuite, ces pots sont cuits dans le feu puis dans des fours fermés. De la sorte, ces récipients sont plus solides.

Le verre

La pâte est moulée, colorée, taillée mais le verre reste opaque car on n'a pas trouvé les moyens d'élever suffisamment la chaleur du foyer et il reste trop d'impureté dans la pâte.

Le cap des 1500 °C

Mille ans avant Jésus-Christ, les Mésopotamiens emploient des pailles creuses pour souffler le verre. La composition de la pâte change. On emploie de la silice, un sable très pur, qu'on mélange avec de la chaux et différents métaux. Ainsi, la pâte peut être chauffée à plus de 1 500 °C. Le verre est transparent et les souffleurs lui donnent des formes variées.

Une gourde en verre de 1500 av. J.-C.

Vraisemblablement, ce sont des potiers qui ont découvert les secrets de la fabrication du verre en faisant cuire ensemble du sable et du sel.

Un feu sur une plage de sable

Selon l'historien romain Pline l'Ancien, des navigateurs qui firent escale le long d'une plage de Syrie décidèrent de faire du feu avec du natron, une sorte de sel. Du foyer s'écoula tout à coup une pâte translucide qui devint dure en se refroidissant : sous l'effet de la chaleur, le natron et le sable mélangés ont fondu et se sont transformés en verre !

Le verre égyptien

C'est en Égypte qu'ont été retrouvés les plus anciens morceaux de verre : ils datent de 2 500 ans av. J.-C.

Les matériaux

La récolte du latex qui, une fois traité, procurera du caoutchouc.

À partir du XIXe siècle, l'industrie chimique met au point des matières nouvelles : le caoutchouc, le plastique, le Nylon... Beaucoup d'entre elles sont obtenues en transformant le charbon et le pétrole.

Le caoutchouc

Il provient du latex, nom donné à la sève de l'hévéa, un arbre qui pousse dans les pays chauds et humides. En 1839, après plusieurs années de recherches, l'Américain Charles Goodyear réussit à transformer cette sève naturelle en une matière à la fois solide, souple et imperméable. Pour cela, il mélange le latex avec du soufre et le fait chauffer à 140 °C pendant plusieurs heures, c'est ce que l'on appelle la vulcanisation.

Imperméable, le caoutchouc remplace rapidement le cuir pour confectionner des semelles de chaussures, des gants, des vêtements de pluie... Élastique, il sert à fabriquer des courroies puis bientôt des pneus pour les vélos et les voitures (1895).

Les plastiques

Ces matériaux synthétiques* sont constitués d'atomes de carbone qu'on trouve dans de nombreux éléments : fibres de coton ou de bois, produits extraits du charbon, du pétrole et même du lait ! Des chimistes les mettent au point à partir du milieu du XIXe siècle.

Après l'invention du Celluloïd, le film souple et transparent des pellicules photo est mis au point.

La fibre de carbone est entre autres employée dans le domaine aéronautique et la construction des avions.

La fibre de carbone est plus résistante que l'acier

Apparue au milieu des années 1960, elle est faite à partir de fibres naturelles extraites du bois, par exemple, et mélangées à du plastique, puis portées à haute température. Elles sont ainsi carbonisées, d'où leur nom. Actuellement, c'est le matériau le plus résistant, quinze fois plus que les meilleurs aciers. Elle est employée dans la construction des avions, la fabrication des raquettes de tennis, des cadres de vélo...

Le Celluloïd remplace l'ivoire

Ces matériaux sont créés alors que les matières naturelles deviennent trop rares et chères. C'est le cas du Celluloïd. L'Américain John Hyatt le produit en 1869 à partir de la cellulose, une matière extraite des plantes. Il remplace ainsi l'ivoire des défenses d'éléphants pour la réalisation des boules de billard ! Le Celluloïd est ensuite employé pour fabriquer les pellicules photo.

La Bakélite

Beaucoup d'objets de la vie quotidienne que l'on croit en plastique sont en fait en Bakélite. Obtenu à partir du phénol (présent dans la houille), ce matériau fut découvert par le Belge Leo Baekeland qui lui donna son nom. Cette matière liquide, lorsqu'elle est chauffée, peut être moulée. Elle sert à faire des téléphones, postes de radio, prises de courant...

Le Nylon

Ce fil résistant, qui a été inventé pour remplacer le fil de soie, est un des premiers matériaux dérivés du pétrole. Il est mis au point aux États-Unis en 1935. Pendant la Seconde Guerre mondiale, il est utilisé pour tisser des toiles de parachute.

Dans les années 1940, les femmes découvrent les bas en Nylon, plus solides et moins chers que les bas de soie.

La roue, enfin !

Les premiers chariots à roues sont apparus en Mésopotamie. Les roues sont d'abord pleines et, forcément, plus lourdes.

Apparue vers 3 500 ans av. J.-C. en Mésopotamie, la roue améliore considérablement les transports. Les hommes et les marchandises vont pouvoir circuler plus vite.

Avant la roue...

Avant l'apparition de la roue, les hommes traînent les charges qu'ils doivent déplacer. Pour faciliter leur tâche, ils posent la charge sur des rondins de bois ou des traîneaux qu'ils attellent à des animaux. Une autre technique consiste à arroser le sol pour le rendre glissant.

Une invention de potier !

La roue, qui révolutionne les transports, est d'abord un outil qu'emploient les potiers. En 3500 av. J.-C., en Mésopotamie, des chariots sont équipés de 4 roues faites de plusieurs pièces de bois assemblées. Mais ces roues sont lourdes. Mille ans plus tard, les Mésopotamiens les allègent en inventant les rayons. Pour qu'elles s'usent moins vite, les roues sont cerclées d'une bande de fer.

La brouette

Voici presque 2 000 ans, les Chinois inventent la brouette. Grâce à la roue, l'homme peut déplacer des charges qu'il serait incapable de porter. Il faut attendre la fin du Moyen Âge pour que la brouette apparaisse en Europe.

Les deux longs bras des premières brouettes, apparues en Chine, agissent comme des leviers qui permettent de soulever de lourdes charges.

Utiliser la force animale

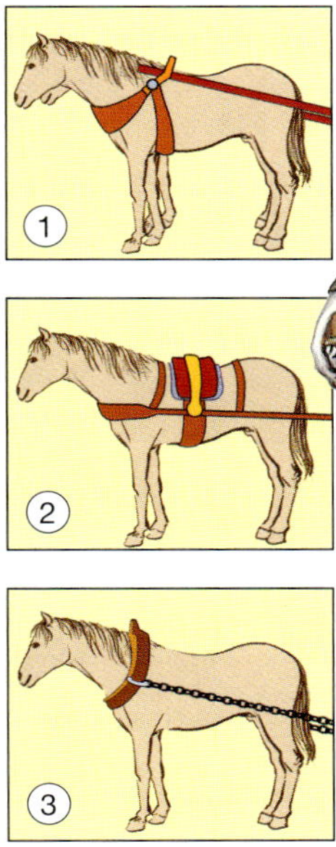

L'évolution du harnais.

Pour utiliser la force des animaux, les hommes ont très tôt pensé à les atteler.

Un joug pour les bœufs

Pour atteler un bœuf à une charrue ou une charrette, on lui pose un joug sur le cou, une barre de bois reliée à la charrue, et on l'attache à ses cornes. L'animal peut ainsi tirer de lourdes charges.

Un harnais pour les chevaux

Pendant longtemps, le cheval ne pouvait pas tirer des poids trop lourds. Le harnais fixé sur son ventre et autour de sa gorge (1 et 2) risquait de l'asphyxier lorsque l'effort était trop important.

Le collier d'épaules

Au Ier siècle av. J.-C., les Chinois inventent un nouveau harnais. Ce grand collier de bois recouvert de cuir (3) est placé autour des épaules. Le cheval déploie ainsi davantage de puissance. C'est un immense progrès que les Européens ne découvrent qu'une dizaine de siècles plus tard !

Les voitures à cheval

Jusqu'à la fin du Moyen Âge, les charrettes à deux roues sont les plus employées car elles sont plus maniables que les charrettes à quatre roues. Au XIVe s., on invente l'essieu* mobile qui permet de faire pivoter les roues. Au XVIIe siècle, des suspensions amortissent les soubresauts. Jusqu'à la fin du XIXe siècle, les voitures à cheval, bien qu'elles ne dépassent guère 15 km/h, restent les seuls moyens de se déplacer rapidement.

Diligence au XIXe siècle.

Les locomotives : de

Vingt-cinq ans après la première locomotive à vapeur (à droite), la Rocket (qui signifie fusée) atteint 47 km/h en 1829.

À la fin du XIXe siècle, les plus rapides atteignent la vitesse de 120 km/h.

La première locomotive à vapeur apparaît en 1803 en Grande-Bretagne. C'est une véritable révolution : désormais, les hommes sont capables de se déplacer grâce à une machine.

La « *M'attrape qui peut* »

En 1803, l'ingénieur britannique Richard Trevithick utilise une machine à vapeur pour entraîner les roues d'une locomotive qui circule sur des rails. Son objectif est de remplacer les chevaux pour tirer les wagonnets de charbon dans les mines. La machine atteint la vitesse de 8 km/h. Cinq ans plus tard, Richard Trevithick présente à Londres une locomotive plus performante encore. Il l'appelle la « M'*attrape qui peut* ». C'est un vrai succès, le public se presse pour l'admirer.

120 km/h en moins d'un siècle !

Tout s'enchaîne très vite. La première ligne de chemin de fer pour voyageurs ouvre en 1827 en Grande-Bretagne et en 1832 en France. En 1869, on traverse les États-Unis d'Amérique en train. Les performances des locomotives s'améliorent considérablement.

Du charbon et de l'eau

Pour fonctionner, la machine à vapeur a besoin de charbon, qui alimente la chaudière, et d'eau afin de produire de la vapeur. Le charbon et l'eau sont stockés dans le tender, un wagon accroché derrière la locomotive.

Les premiers rails apparaissent dans les mines britanniques, au XVIe siècle.

la vapeur à l'électricité

Le premier chemin de fer électrique est testé en Allemagne en 1879. L'allure de ce petit tram est alors de 6,5 km/h !

Dans chaque gare, on installe donc des châteaux d'eau pour ravitailler les locomotives.

Les rails en fer

Les rails sont nés d'une observation datant de l'époque romaine. On avait alors remarqué que les ornières creusées par le passage des roues des chars guidaient les véhicules. Les premiers rails sont fabriqués en bois. Ils servent à guider les wagonnets dans les mines. À partir du XVIIIe siècle, des voies ferrées sont construites pour faire circuler des voitures de voyageurs tirées par des chevaux. On forge ensuite des rails en acier, plus résistants.

Des locomotives électriques

Dès 1869 apparaît une première locomotive propulsée par un moteur électrique. L'expérience est concluante mais il reste à trouver un système pour acheminer l'électricité.

Pour les rames de métro, l'électricité circule dans un troisième rail ; pour les tramways et les trains, elle est acheminée par un caténaire, un câble tendu entre des poteaux, et un pantographe. En 1903, un siècle après la présentation de la première locomotive à vapeur, une locomotive électrique allemande atteint 200 km/h.

Des moteurs diesels-électriques

Le moteur que l'ingénieur allemand Rudolf Diesel présente en 1893 est particulièrement intéressant pour propulser des locomotives. Il est plus

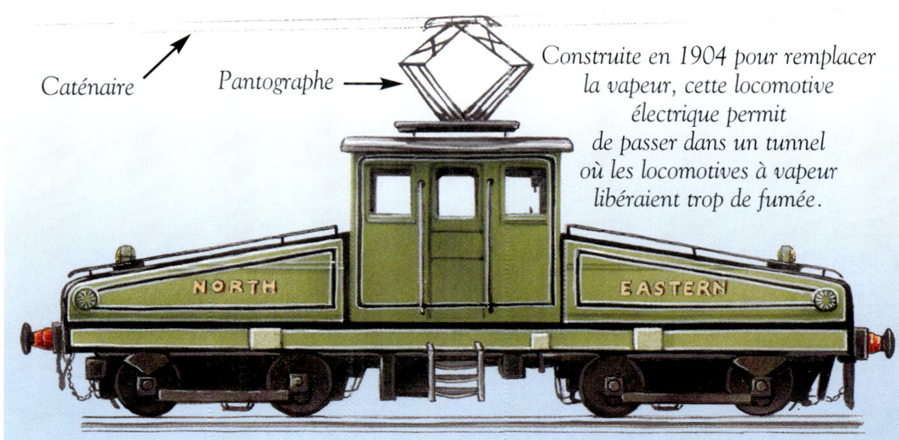

Construite en 1904 pour remplacer la vapeur, cette locomotive électrique permit de passer dans un tunnel où les locomotives à vapeur libéraient trop de fumée.

En 1990, le TGV français atteint 513,3 km/h pour un essai expérimental sans passagers à bord.

performant que la machine à vapeur et plus économique puisqu'il utilise du gasoil, un carburant qui est extrait du pétrole et qui coûte peu cher. Ce moteur n'entraîne pas directement la machine mais une génératrice. L'électricité produite alimente le moteur qui entraîne les roues. Ces locomotives peuvent circuler sur des voies non électrifiées ; de plus, elles assurent un transport plus souple.

Trains à grande vitesse

En 1981, la France met en circulation le TGV, train à grande vitesse. Circulant sur une voie spéciale, la plus droite possible et entièrement protégée, il relie Paris à Lyon en 2 heures, à la vitesse moyenne d'environ 250 km/h. Vingt ans plus tard, sa vitesse moyenne est de l'ordre de 300 km/h. Sur ces trains, la forme aérodynamique a été étudiée pour avoir le moins d'emprise possible à l'air : moins freinés, les trains vont plus vite.

Des trains toujours plus rapides

Les trains du futur dépasseront le record actuel de 552 km/h détenu depuis 1999 par le Maglev. Ce train expérimental japonais n'a pas de roue. Par effet électromagnétique, de gros aimants placés sous les voitures et à l'intérieur des rails soulèvent le train et le propulsent.

Pour vaincre la résistance de l'air, on imagine également de faire circuler les trains dans des tunnels en partie vidés de leur air.

Des lignes de trains sous l'eau...

L'Eurostar, le TGV qui traverse la Manche depuis 1994 entre l'Angleterre et la France, en passant dans un tunnel, a donné des idées et, aujourd'hui, des ingénieurs étudient les moyens de traverser l'Atlantique en train.

En 1999, le train à grande vitesse japonais, le Maglev, établit un nouveau record à 552 km/h.

L'automobile en marche

Dès la mise au point de la machine à vapeur, on pense à construire des automobiles, c'est-à-dire des voitures qui se déplacent grâce à un moteur, sans l'aide de chevaux. Il reste toutefois un obstacle de taille : la machine à vapeur est encombrante et peu pratique à utiliser…

Le fardier de Cugnot

Ce chariot en bois à trois roues est l'ancêtre de toutes les voitures sans chevaux. Nicolas Joseph Cugnot, un militaire français, le présente en 1769. Le très lourd véhicule de 2 800 kg, destiné à tracter des canons, est entraîné par une machine à vapeur à deux pistons placée au-dessus de la roue avant. Hélas, au bout d'une quinzaine de minutes, il n'y a plus assez de vapeur et le fardier s'arrête. En 1770, le deuxième modèle termine ses essais dans un mur, faute de freins !

Des diligences à vapeur !

Au début du XIXe s., des machines à vapeur sont installées sur des diligences. Certaines sont capables de transporter une dizaine de passagers à 15 km/h. Cependant, ces voitures n'ont pas un grand succès. Il faut deux personnes pour les manœuvrer : une qui conduit et l'autre qui fait fonctionner la chaudière. En outre, on doit s'arrêter souvent pour charger du charbon et de l'eau.

Le tricycle à essence de l'Allemand Carl Benz atteint 13 km/h en 1886.

En 1899, la Jamais-Contente *est la première voiture à dépasser la vitesse de 100 km/h, une allure que les hommes n'auraient jamais cru atteindre sur 4 roues !*

La victoire du moteur à essence

En 1886, deux Allemands, Carl Benz et Gottlieb Daimler, perfectionnent le moteur à explosion d'Étienne Lenoir (p. 12). Ils le font fonctionner à l'essence qui est plus facile à transporter que le gaz. Leurs moteurs, de petite taille, sont assez puissants pour entraîner un véhicule et ses passagers. Le tricycle de Benz et la voiture à quatre roues de Daimler marquent les vrais débuts de l'automobile.

Le moteur électrique dépasse les 100 km/h

Alimenté par des batteries, le moteur électrique équipe plusieurs véhicules dont la *Jamais-Contente*. En 1899, cette voiture pilotée par le Belge Camille Jenatzy est la première à franchir la barre des 100 km/h. Le moteur électrique a de nombreux avantages : il ne fait pas de bruit et ne pollue pas. Il est pourtant abandonné car les batteries ne lui permettent pas de fonctionner très longtemps.

Ford crée, aux États-Unis, les premières chaînes de montage en 1913 : à partir de cette date, les voitures sont fabriquées en série.

Le confort s'améliore

Les premières automobiles sont conçues comme des voitures à cheval. Elles sont hautes et couvertes d'une capote en cuir. Leurs roues en bois sont recouvertes de bandes de caoutchouc. En 1895, les frères Michelin fabriquent des pneus gonflés d'air. C'est à la même époque que l'on installe des amortisseurs afin que les suspensions ne fassent pas décoller les roues de la route. En 1899, apparaissent les premiers pare-brise en verre, puis en 1916 les premiers essuie-glaces (qu'il faut encore actionner à la main), il faudra attendre encore quelques années afin qu'un petit moteur les entraîne.

À gauche, une publicité vantant une automobile des années 1930. Aujourd'hui, des voitures de sport à la ligne élégante allient vitesse, sécurité et confort, tel ce roadster Zonda qui peut dépasser 300 km/h !

Les premiers moteurs de voiture sont démarrés à la manivelle (voir p. 12). En 1911, un démarreur électrique apparaît sur une Cadillac, une luxueuse voiture américaine. Peu après, on remplace le bouton de démarreur par une clé qui protège ainsi des voleurs. La chaleur que dégage le moteur permet l'hiver de chauffer les habitacles fermés.

Davantage de sécurité

Dès que les voitures commencent à circuler, des accidents graves se produisent. Il faut renforcer la sécurité. Dès 1903, une ceinture est installée sur les voitures de course, il faut cependant attendre les années 1960 pour que les voitures de tourisme en soient équipées... à l'avant. Un pare-choc d'abord en caoutchouc puis en métal est fixé à l'avant à partir de 1905. Les freins sont d'abord actionnés avec une manette qui tire les câbles, comme les freins d'un vélo. À partir de 1924, les câbles sont remplacés par un circuit de tuyaux remplis d'huile. Ils sont actionnés au pied grâce à une pédale. En 1950, des ingénieurs américains imaginent des sacs qui se gonfleraient devant les passagers pour amortir le choc en cas d'accident, ces airbags (sacs d'air) sont mis au point en 1981.

Des moteurs propres

Le moteur à explosion brûle de l'essence ou du gasoil qui se raréfient et dont l'exploitation coûte cher. En outre, les gaz d'échappement polluent l'air. Les constructeurs doivent trouver un nouveau moteur propre. L'électricité constitue une énergie sérieusement étudiée.

Quand apparaît le code de la route ?

Dès 1899, en France, il est nécessaire de disposer d'un certificat autorisant à prendre le volant. À partir de 1922, ce certificat devient un permis. Pour l'obtenir alors, il faut connaître la signification d'une quinzaine de panneaux.

De la draisienne

La draisienne, qui ne comporte pas de pédales, est très fatigante. Le vélocipède, qui apparaît quarante ans plus tard, n'a pas encore de chaîne mais permet néanmoins de dépasser les 20 km/h.

Au début du XIXe siècle, les guerres de l'empereur Napoléon Ier ont tué des milliers de chevaux dans toute l'Europe. Il faut trouver un moyen de transport individuel nouveau pour se déplacer plus vite qu'en marchant.

La draisienne, une machine à courir

Cet engin constitué de deux roues attachées à un cadre et propulsé avec les pieds est présenté en 1818 par le baron allemand Drais de Sauerbronn. C'est tout de suite un succès. Avec cette draisienne, un homme particulièrement bien entraîné atteint la vitesse d'un cheval, soit 15 km/h !

L'ajout des pédales

En 1861, à Paris, le serrurier Pierre Michaux répare la draisienne d'un client. Avant de rendre l'engin à son propriétaire, il le fait essayer à son fils. Celui-ci revient épuisé car il a dû forcer pour gravir une pente et tenir ses jambes en l'air dans la descente. Le père et le fils imaginent alors de fixer des repose-pieds. Puis ils ont l'idée de fixer ceux-ci sur des manivelles attachées au moyeu* de la roue. En appuyant alternativement sur l'une et l'autre pédale, ils font tourner la roue avant de l'engin. Cette draisienne beaucoup moins fatigante est baptisée vélocipède.

Le grand-bi

Il apparaît quelques années plus tard en Grande-Bretagne. Sa roue avant est agrandie. Ainsi, le cycliste est assis au-dessus des pédales.

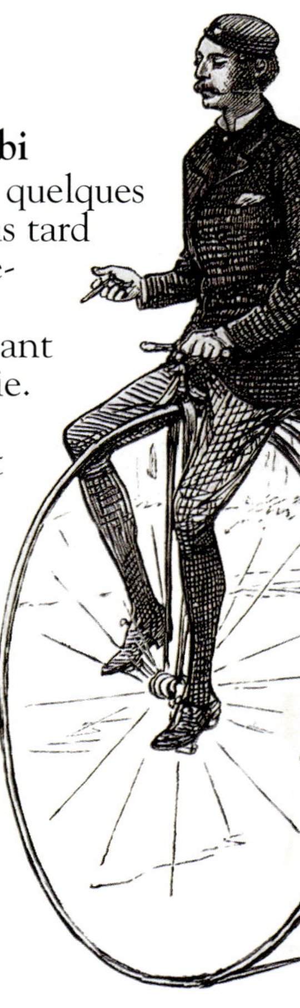

Le grand-bi est un succès, mais il demande de l'équilibre !

au vélomoteur

Une fois la chaîne inventée, faire de la bicyclette devient moins pénible. Son nom vient de « bicycle » en anglais.

Il s'aide de son poids pour pédaler plus fort et donc gagner de la vitesse. Il atteint les 40 km/h à condition d'être adroit pour garder son équilibre.

La chaîne enfin !
Le Français André Guillemet en 1869, puis le Britannique Harry Lawson, autour de 1879, ont chacun de leur côté l'idée de placer les pédales au milieu du cadre et de transmettre le mouvement à la roue arrière par l'intermédiaire d'une chaîne, d'un pédalier et d'un pignon tous deux munis de dents. Sans le savoir, ils construisent la bicyclette que Léonard de Vinci avait dessinée 350 ans plus tôt !

Des pneus pleins d'air
En 1888, le vétérinaire écossais John Dunlop entoure les roues du vélo de son fils d'une chambre à air et les place dans une enveloppe en caoutchouc. Le pneu est né. Peu après, les frères Michelin en équipent une des premières voitures. Sur les routes caillouteuses, ces pneus atténuent les soubresauts.

Les freins
Les premiers vélos sont équipés d'un frein identique à celui des voitures à cheval, un patin vient frotter sur le dessus de la roue. Au début du XXe siècle, ce système est remplacé par une mâchoire qui, actionnée par un câble, enserre la jante de la roue.

Des pignons et un dérailleur
Aussitôt que la transmission par chaîne est adoptée, on tente d'installer des pignons arrière de différentes tailles pour faciliter la montée des côtes, par exemple. Le dérailleur, apparu en 1911, est le mécanisme qui permet de faire passer la chaîne d'un pignon à un autre. Cette invention satisfait tous les cyclistes.

Avant que ne soient inventés les pneus remplis d'air à la fin du XIXe siècle, les roues sont recouvertes d'une bande de fer puis de bandes de caoutchouc.

Le vélo à moteur
En 1871, le Français Louis-Guillaume Perreaux entraîne la roue arrière d'un vélocipède avec une petite machine à vapeur. Mais ce sont les frères Wermer, français eux aussi, qui

En 1871, Louis-Guillaume Perreaux lance sa moto à moteur à vapeur. En 1897, les frères Wermer équipent leur vélo d'un moteur à explosion.

Dans les années qui suivent la Deuxième Guerre mondiale, les vélomoteurs se multiplient. Ils permettent à ceux qui n'ont pas les moyens d'acheter une automobile de se déplacer pour un coût moindre, mais beaucoup roulent encore à vélo.

construisent la première véritable machine moderne en 1899. Le moteur à explosion, installé dans le cadre, entraîne la roue arrière par l'intermédiaire d'une chaîne (ci-dessus).

Le Vélosolex

En 1946, apparaît le Vélosolex, une « bicyclette qui roule toute seule » grâce à un petit moteur à essence fixé au-dessus de la roue avant. Le moteur actionne une pièce, le galet, qui entraîne la roue par frottement. Pour démarrer et pour aider le moteur dans les montées, on pédale comme sur une bicyclette.

Le scooter

Ce drôle d'engin à petites roues apparaît à la même époque que le Vélosolex. Il n'y a plus de cadre à enfourcher. On pose ses pieds sur une plate-forme. Son moteur placé devant la roue arrière se met en route avec un démarreur à pied. Plus besoin non plus de pédaler dans les côtes, le moteur est assez puissant pour emmener son conducteur et même un passager.
Plus facile à conduire que les motos, il connaît un grand succès.

Le Vélosolex atteint la vitesse de 30 km/h et ne consomme qu'un litre d'essence pour 100 km parcourus !

Un ballon dans les airs

Conçu par les frères Montgolfier, ce ballon de 154 kg et ses passagers s'élèvent dans les airs le 21 novembre 1783.

Pour la première fois, en 1783, deux hommes s'élèvent dans l'air…

Un vieux rêve

Les hommes ont toujours rêvé de s'élever dans les airs. Dans l'Antiquité, un mythe grec raconte l'histoire d'Icare qui s'était collé des ailes d'oiseau avec de la cire et s'était envolé. En s'approchant trop du soleil, la cire a fondu. Il a perdu ses ailes et est tombé. À la Renaissance, le peintre et savant italien Léonard de Vinci dessine déjà un avion et un hélicoptère mais, faute de disposer de moteurs, ces projets sont oubliés.

Le premier vol

En voyant l'air chaud soulever un morceau de tissu qui séchait devant une cheminée, le Français Joseph de Montgolfier décide de fabriquer une grande enveloppe et d'allumer du feu dessous pour la faire décoller : la montgolfière est née. Elle est présentée le 21 novembre 1783 à Paris et vole à cette occasion pendant 26 minutes avec deux personnes à son bord.

Les plus légers que l'air

Aussitôt après cette première réussite, on fait voler de nombreux ballons gonflés avec de l'hydrogène ou de l'hélium, des gaz plus légers que l'air. En 1852, le Français Henri Giffard imagine de diriger son ballon à l'aide d'une hélice entraînée par une machine à vapeur. L'expérience échoue mais sera reprise par l'Allemand von Zeppelin qui construit son premier dirigeable en 1897.

Le dirigeable du Français Henri Giffard

La fabuleuse

Clément Ader construit l'Éole en 1890. Il l'appelle « avion », un mot qu'il invente à partir du mot latin « avis » qui signifie « oiseau ».

Plus d'un siècle après le premier vol en montgolfière, le premier avion à hélice décolle. C'est le début de l'aéronautique.

Le premier « plus lourd que l'air » : un planeur

Le Britannique George Cayley étudie la portance de l'air (voir page 39). Il est convaincu qu'il est possible de faire voler un engin plus lourd que l'air qui serait muni d'ailes fixes.
C'est une idée audacieuse car beaucoup croient, à cette époque, que les ailes doivent battre, comme celles des oiseaux. En 1849, il prouve ce qu'il affirme avec un planeur, sans moteur, qu'il lance du haut d'une colline. À l'intérieur, un garçon âgé de 10 ans réussit à se poser sans encombres.

Clément Ader invente l'avion

En 1890, le Français Clément Ader construit l'*Éole*. Il est équipé d'un moteur à vapeur et de deux hélices. Ses ailes ont la forme de celles des chauves-souris. Il s'élève de quelques mètres au-dessus du sol puis retombe. Ce premier bond d'une cinquantaine de mètres est considéré comme le premier vol.

Le *Flyer* des frères Wright

Le 17 décembre 1903, les Américains Wilbur et Orville Wright font décoller leur *Flyer*. Cet avion est équipé d'ailes superposées particulièrement profilées et d'un moteur à essence beaucoup plus léger que la machine à vapeur de l'*Éole*. Avec le *Flyer II*, les frères Wright restent en vol pendant plus de 5 min. Le *Flyer III* parcourt 38,6 km.

En 1903, les frères Wright parviennent à faire voler le Flyer*, premier aéroplane à essence.*

histoire des avions

Le Boeing 247 est le premier bimoteur de transport. Il atteint 300 km/h et emporte 10 passagers.

L'intérieur d'une cabine au début de l'aviation de transport.

La portance de l'air

Pour voler, l'avion doit vaincre deux forces : celle de son poids, appelée *attraction terrestre*, qui l'attire vers le sol, et celle de la résistance de l'air, appelée *traînée*, qui ralentit son déplacement. L'attraction terrestre est vaincue par la portance de l'air (voir schéma). La résistance de l'air est vaincue par la puissance du moteur ou du réacteur.

La première ligne aérienne

Elle ouvre en 1919 entre Paris et Londres. Les avions sont des appareils militaires utilisés pendant la guerre de 1914-1918. Ils transportent seulement 4 à 5 passagers assis dans des fauteuils en rotin non fixés. Le vol dure près de 4 heures contre 1 heure à peine aujourd'hui.

Premier avion de ligne

En 1933, l'avion américain Boeing 247 accueille 10 passagers. Équipé de deux moteurs à hélice, c'est aussi le premier avion dont le fuselage est entièrement métallique et dont les roues du train d'atterrissage se replient sous les ailes, ce qui fait gagner de la vitesse. Il vole à 300 km/h.

La portance est la force que l'air exerce au-dessus et au-dessous des ailes de l'avion. Pour améliorer la portance, les ailes sont bombées. Le flux de l'air qui passe au-dessus (1) de l'aile exerce une pression plus faible que celui qui passe au-dessous (2). L'avion s'élève.

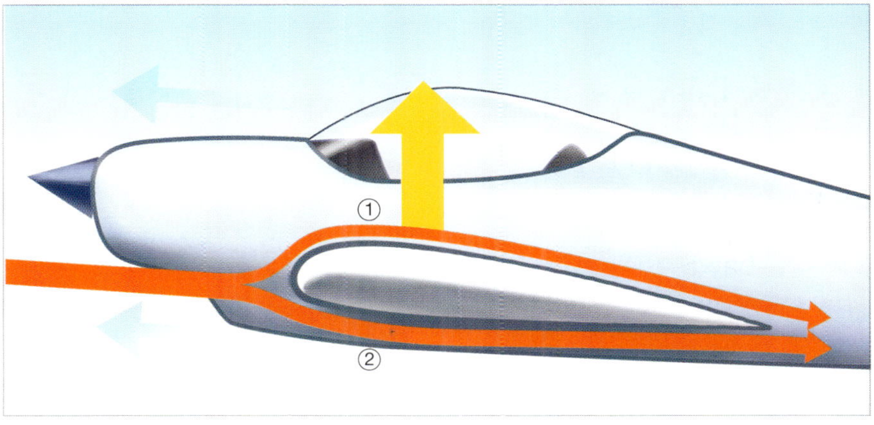

Le Bell X-I dépasse le mur du son en 1947.

Une cabine pressurisée

En 1938, le Boeing 307 possède une cabine pressurisée. À l'intérieur, la pression de l'air est identique à celle du sol. Ainsi, l'avion peut voler au-dessus de 8 000 m, à une altitude où l'air est plus rare et beaucoup plus froid, sans aucune gêne pour les passagers. Étant au-dessus des nuages, l'appareil évite les turbulences et gagne en vitesse et en confort. Les sièges sont désormais fixés au sol et on s'attache avec une ceinture. Stewards et hôtesses de l'air servent repas et boissons. Des réservoirs plus grands permettent aux avions de parcourir des distances plus longues sans escales.

La navigation

À partir de 1929, les pilotes naviguent avec les instruments de navigation. Le jour, ils n'ont plus besoin de prendre des repères au sol (rivières et ponts, églises...) et, la nuit, de se diriger en suivant les étoiles.

Les vols deviennent plus sûrs. À partir de 1950, le nombre d'avions en service augmentant, des règles de sécurité sont prises. Des routes aériennes sont tracées dans le ciel. Les avions sont guidés depuis le sol par des contrôleurs aériens et par des balises radio. Le pilotage automatique, testé depuis 1930, équipe les avions de ligne. Le radar et l'informatique permettent de réaliser le premier atterrissage automatique d'un avion de ligne en 1965.

L'avion européen A380 est le plus gros avion de ligne jamais construit. Sa mise en service est prévue en 2006.

En service depuis 1977, l'avion de ligne le plus rapide du monde, le Concorde, s'est arrêté définitivement en 2003.

L'avion à réaction

À la fin de la Seconde Guerre mondiale, les Allemands font voler les premiers avions de chasse à réaction.

Grâce à leur réacteur (voir p. 13), ceux-ci atteignent la vitesse de 800 km/h. En 1947, l'avion américain Bell XI franchit le mur du son. C'est-à-dire qu'il dépasse la vitesse à laquelle le son se propage dans l'air soit 340 km/sec ou 1 224 km/h.

Le Concorde

Lancé en 1969, l'avion franco-britannique Concorde est équipé d'une aile delta inspirée des avions en papier. Elle permet de gagner de la vitesse et le Concorde atteint ainsi Mach 2 (2 448 km/h), soit deux fois la vitesse du son.

Entre 1977 et 2003, cet avion ne met plus Paris qu'à 3 h 00 de vol de New York !

L'hélicoptère fut d'abord un avion

L'idée de faire voler un engin avec une hélice horizontale date du début du XIXe siècle : George

En 1920, le marquis de Pescara réussit à faire voler cet avion équipé de pales.

Cayley, un Britannique, imagine en 1843 de placer des hélices sur chacune des ailes. En 1907, le constructeur d'avions français Louis Breguet reprend cette idée. Son avion muni d'hélices sur les ailes décolle mais ne réussit pas à avancer. En 1920, un Argentin, le marquis de Pescara, fait voler un avion muni de plusieurs pales.

Le rotor

Cependant, il reste un problème. Lorsque les pales tournent dans le sens des aiguilles d'une montre, l'hélicoptère a tendance à tourner en sens contraire, ce qui rend l'engin instable. En 1939, le Russe Igor Sikorsky installe verticalement, à l'arrière de l'appareil, une petite hélice appelée rotor ; grâce à elle, l'engin reste stable.

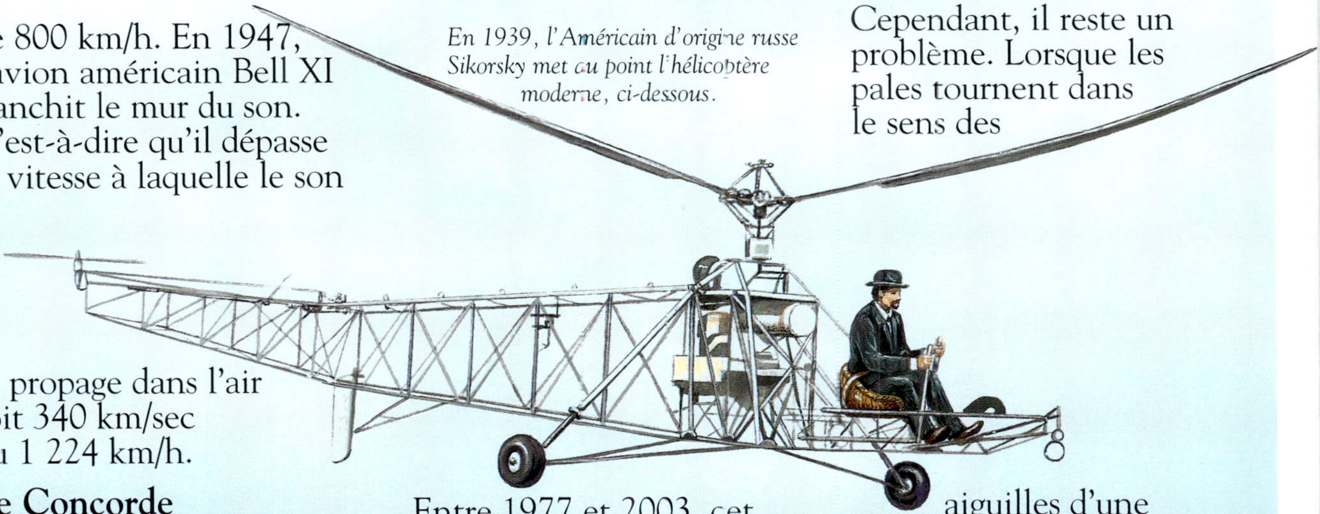

En 1939, l'Américain d'origine russe Sikorsky met au point l'hélicoptère moderne, ci-dessous.

Les fusées, un moyen

La fusée chinoise.

En 1961, une fusée soviétique réussit à s'élever au-dessus de l'atmosphère terrestre. Cet exploit est rendu possible par l'emploi de carburant et de combustibles liquides, et la mise au point de la fusée à étages.

Fusées chinoises à poudre

Elles apparaissent en Chine, voici 1 000 ans. Elles sont constituées de tiges de bambou remplies de poudre noire, un mélange de charbon de bois, de soufre et de salpêtre, une moisissure qui apparaît sur les murs humides. Quand on met le feu à cette poudre, le salpêtre se transforme instantanément en gaz, ce qui dégage une grande force et propulse la flèche à plusieurs centaines de mètres. Cette poudre arrive en Europe au XIIIe siècle.

La fusée de Goddard

Autour de 1920, l'Américain Robert Goddard est convaincu qu'en utilisant des combustibles liquides* (hydrogène ou oxygène) avec le carburant, il obtiendra davantage de puissance grâce aux gaz dégagés. En 1926, il construit un moteur particulier qui propulse sa fusée d'une cinquantaine de centimètres jusqu'à 12,50 m. Durant ce vol de 2 secondes et demie, la fusée atteint la vitesse de 100 km/h !

La fusée de R. Goddard est considérée comme la première fusée de l'histoire de la conquête de l'espace.

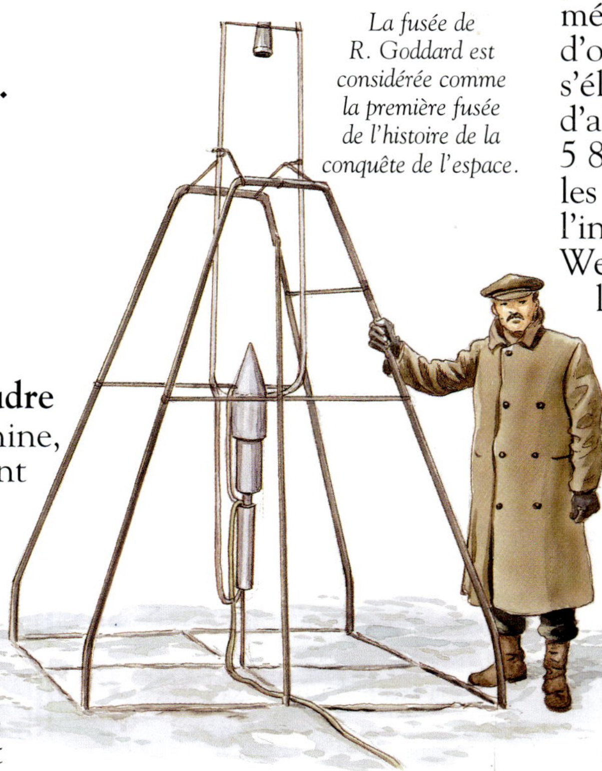

Les premières vraies fusées sont des armes

Ce sont les V2 construites par les Allemands pendant la Seconde Guerre mondiale. Longues de 14 m et propulsées grâce à un mélange d'alcool et d'oxygène liquide, ces fusées s'élèvent à près de 10 000 m d'altitude et volent à 5 800 km/h. En 1945, les Américains capturent l'ingénieur allemand Wernher von Braun, qui les a mises au point, et lui proposent de travailler pour eux. Vingt ans plus tard, il dessine la fusée Saturn V...

Une fusée envoie un homme dans l'espace

Le 4 octobre 1957, les Soviétiques parviennent à lancer une fusée à étages propulsée par des combustibles liquides.

d'aller dans l'espace

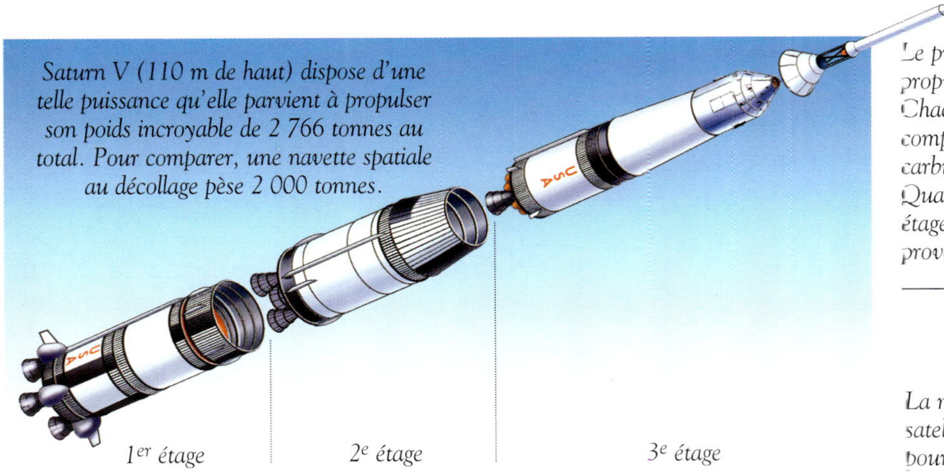

Saturn V (110 m de haut) dispose d'une telle puissance qu'elle parvient à propulser son poids incroyable de 2 766 tonnes au total. Pour comparer, une navette spatiale au décollage pèse 2 000 tonnes.

Le principe de la fusée à étages permet de propulser l'engin avec plus de puissance. Chacun des trois étages de Saturn V comprend un moteur, un réservoir de carburant et un réservoir d'oxygène liquide. Quand le carburant est brûlé, le premier étage se détache et le deuxième est allumé, provoquant une nouvelle poussée.

Celle-ci place en orbite* autour de la Terre une petite sphère d'acier appelée *Spoutnik I*, c'est le premier satellite. Le 12 avril 1961, une fusée à 3 étages parvient à propulser une cabine avec un homme à l'intérieur. Youri Gagarine est le premier homme dans l'espace.

On a marché sur la Lune

Pour se poser sur la Lune, les Américains construisent Saturn V, la fusée la plus puissante jamais lancée. Elle emporte la cabine dans laquelle trois astronautes prennent place et le module qui permet de se poser sur la Lune le 21 juillet 1969, après un voyage de 400 000 km à la vitesse de 11 km/sec.

La navette

Jusqu'en 1981, toutes les fusées ne servent qu'une fois : elles se détruisent lors du lancement. À chaque nouvelle expédition, on construit une nouvelle fusée. La navette mise au point par les Américains peut, elle, décoller comme une fusée et revenir sur Terre comme un avion, et ce, plusieurs fois. Grâce à ses deux propulseurs et à son énorme réservoir, elle est lancée avec une gigantesque puissance. Puis elle abandonne propulseurs et réservoir, exécute la mission et revient sur Terre comme un planeur. Pour ne pas que la navette prenne feu lors de son entrée dans l'atmosphère, des matériaux spécifiques ont dû être employés, surtout pour les parties les plus exposées telles que le nez, les ailes et le ventre de l'engin.

La navette est employée pour placer des satellites en orbite autour de la Terre, et pour les réparer en cas de panne. Elle peut emporter des astronautes vers la station spatiale internationale, et tout le matériel nécessaire aux recherches et aux réparations éventuelles.

Les bateaux :

Les plus anciens témoignages le montrent : les hommes construisent des embarcations depuis la Préhistoire. Pour gagner le large, ils fabriquent des navires plus puissants et plus solides.

Pirogues, radeaux et canoës

Voilà plusieurs milliers d'années, les hommes ont dû constater que les troncs d'arbres flottent sur l'eau. En attachant plusieurs troncs ensemble, ils construisent des radeaux (1). En creusant ces troncs, ils façonnent des pirogues (2). En collant de grandes bandes d'écorce avec de l'argile, ils confectionnent des canoës (3). En Égypte ou en Amérique du Sud, ils tressent du papyrus ou des roseaux pour fabriquer de petites barques (4).

Les plus anciens bateaux sont égyptiens

Trois mille ans av. J.-C., les Égyptiens bâtissent des pyramides. Pour acheminer les pierres, ils ont besoin de bateaux plus grands et plus solides que leurs barques en papyrus. Mais les grands arbres sont rares en Égypte. Les Égyptiens apprennent à faire des coques en assemblant des planches de bois à l'aide de petites pièces appelées chevilles. La propulsion est assurée par des rames ou, quand le vent est favorable, par une grande voile carrée tissée en lin tendue sur un mât (p. 8).

du bois à l'acier

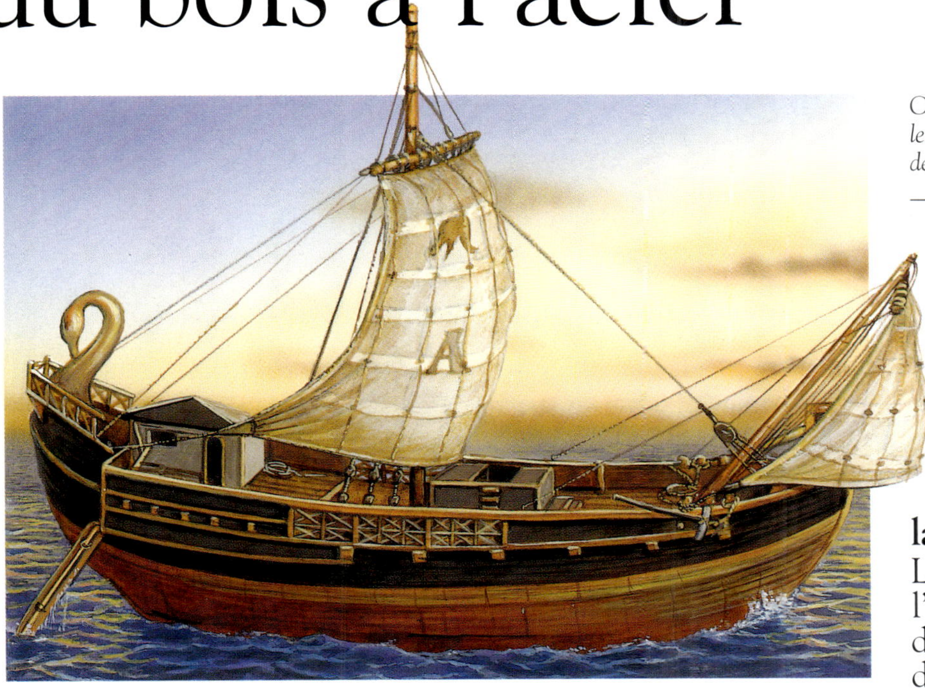

Ces navires romains à deux mâts sont les premiers à posséder les deux formes de voiles : carrées et triangulaires.

L'ancre : du sac de sable au grappin en fer

Pour empêcher leurs bateaux de dériver, les Égyptiens inventent l'ancre. Il s'agit de sacs remplis de sable ou de pierres retenus par une corde. Les Grecs et les Romains l'adoptent. Aux environs de 600 av. J.-C., apparaît l'ancre en fer en forme de grappin.

Les galères, de rapides navires de guerre

Aux environs de 1500 av. J.-C., plusieurs peuples qui habitent les bords de la mer Méditerranée s'affrontent pour dominer le commerce maritime. Les uns et les autres lancent des galères de combat munies d'un puissant éperon à l'avant. Jusqu'à 170 rameurs répartis sur un, deux ou trois niveaux, de chaque côté du navire, propulsent la galère qui peut atteindre la vitesse de 15 km/h.

La voile latine prend le vent de côté

À cette même époque, les navires de transport de marchandises utilisent des voiles carrées ou rectangulaires. Elles sont efficaces quand le vent souffle de l'arrière, mais elles ne le sont plus quand le vent vient de côté. Aux environs de 200 av. J.-C., apparaît la voile latine. Cette voile triangulaire permet de profiter de ces vents de côté. Les corbites, des navires à deux mâts équipés de ces deux sortes de voiles, sont mis à l'eau.

Le gouvernail facilite la manœuvre de la jonque

Les Chinois, autour de l'an mille, construisent de grandes jonques qu'ils dirigent avec un gouvernail,

L'ancre à grappin (1) est remplacée par l'ancre à deux pattes (2) au XIXe s., puis, en 1930, par l'ancre à charrue (3), plus petite mais plus efficace pour s'accrocher au fond.

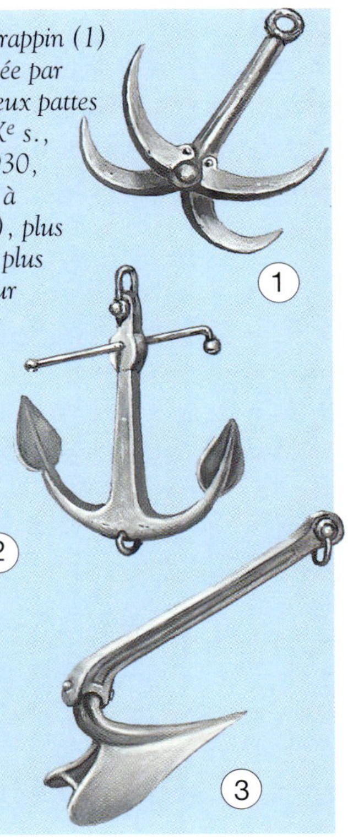

Ce type de jonque, apparue en Chine vers l'an 1000, possède un gouvernail à l'arrière de la coque qui les rend plus faciles à manœuvrer.

une grande pièce de bois placée sous l'eau, à l'arrière de la coque. Ces navires possèdent cinq mâts sur lesquels sont tendues des voiles faites en lattes de bambou. Cette gigantesque voilure donne davantage de puissance à ces jonques qui peuvent transporter de lourdes cargaisons. Autour de 1300, les Européens construisent à leur tour de grands navires à plusieurs mâts, les caraques, qui naviguent sans s'éloigner des côtes et transportent les marchandises entre le nord et le sud de l'Europe.

La caravelle permet de prendre le large

À la fin du XVe siècle, les Portugais mettent au point les caravelles. Ces trois-mâts d'une trentaine de mètres de long ont une coque particulièrement effilée qui fend les vagues de l'océan. Leurs voiles carrées et latines leur assurent une vitesse d'environ 26 km/h.

La caravelle est mise au point par les Portugais.

En 1838, le Sirius est le premier bateau à vapeur à traverser l'océan Atlantique.

Avec ces navires, les marins européens osent s'aventurer au large : Christophe Colomb, qui croit atteindre l'Inde, traverse ainsi l'Atlantique en 1492 ; Magellan entreprend le premier tour du monde en 1519.

La machine à vapeur monte à bord

En 1783, le Français Claude Jouffroy d'Abbans fait naviguer un bateau propulsé à l'aide d'une machine à vapeur qui entraîne deux roues à aubes placées de chaque côté de la coque en bois. En 1786, la machine à vapeur de l'Anglais John Fitch actionne quant à elle 12 rames réparties sur chaque bord. Les machines à vapeur progressent, mais les bateaux conservent encore des mâts et des voiles. En 1838, deux navires britanniques, le *Sirius* et le *Great Western*, accomplissent la première traversée de l'Atlantique sans l'aide du vent.

L'hélice remplace les roues à aubes

Toutefois, les roues à aubes ne donnent pas entière satisfaction. Quand le bateau penche d'un côté, la roue du côté opposé sort de l'eau. Il faut alors réduire la vitesse de la machine pour ne pas que la roue s'emballe et se brise. Aux alentours de 1830, l'idée vient de remplacer les roues par une hélice qui serait toujours sous l'eau, même en cas de tempête. Les premiers essais sont effectués avec une spirale qui a la forme d'une vis inventée par les Grecs pendant l'Antiquité pour pomper l'eau (voir p. 81). C'était déjà le moyen de propulsion que l'Américain David Bushnell avait utilisé pour propulser son sous-marin, la *Tortue*, en 1776 (voir p. 50). Mais l'expérience n'est pas concluante. Le navire avance mal. On pense alors à fixer des pales autour d'un axe. L'hélice, qui ressemble aux ailes d'un moulin, est adoptée sur les navires à vapeur en 1837.

Un record pour la vapeur

En 1897, le navire britannique *Turbinia* comporte toujours des hélices, mais il est propulsé par une machine à vapeur avec une turbine qui propulse la vapeur sous

En tournant dans le sens des aiguilles d'une montre, l'hélice chasse l'eau derrière elle. Ce mouvement fait avancer le navire.

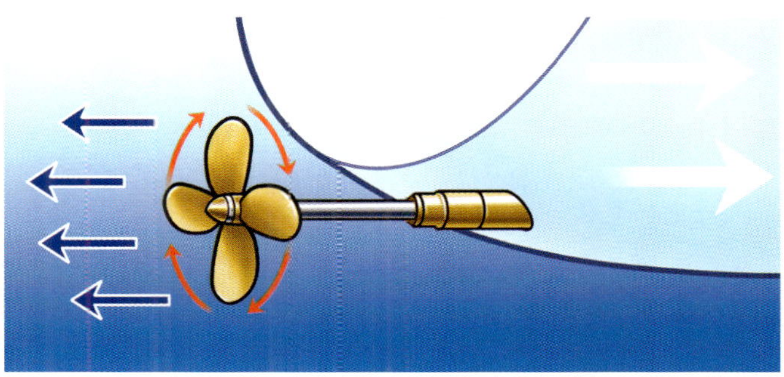

Ni la coque du navire, ni ses hélices ne sont dans l'eau. À l'arrivée au port, l'aéroglisseur peut s'élever sur un plan incliné.

forme de jet. La machine, beaucoup plus puissante, permet au petit navire d'atteindre le record extraordinaire de 34,5 nœuds, soit 64 km/h.

Le Diesel et le réacteur nucléaire

Après la Seconde Guerre mondiale, on préfère les moteurs Diesel à la vapeur. Il n'y a plus besoin de charger la chaudière en charbon, les moteurs sont alimentés directement en carburant. Cela diminue le nombre de marins à bord. À partir des années 1960, les navires militaires, en particulier les porte-avions, sont équipés de réacteurs nucléaires. Ces navires parcourent de grandes distances sans devoir être ravitaillés en combustible.

Les aéroglisseurs : des avions sur des bouées

Au milieu des années 1950, l'ingénieur britannique Christopher Cockerell met au point le premier aéroglisseur. Une turbine envoie de l'air sous le navire qui se soulève au-dessus de la surface. Le navire n'est plus ralenti par le frottement de l'eau. Des moteurs d'avion le propulsent grâce à des hélices situées au-dessus du pont. En 1968, un aéroglisseur atteint 120 km/h.

Les navires à grande vitesse

Au milieu des années 1990, des navires à grande vitesse (NGV) sont mis en service. Leur coque est spécialement dessinée pour être le moins possible en contact avec l'eau. Équipés d'hydrojets, qui pompent l'eau et la rejettent avec force vers l'arrière, ces NGV dépassent 70 km/h.

S'aventurer sous l'eau

Cloche de Halley.

Au XIXᵉ siècle, les premiers scaphandres et sous-marins permettent aux hommes de se lancer dans l'exploration du monde aquatique.

Le tonneau grec

Le plus ancien engin de plongée connu date de l'Antiquité grecque. Il s'agit d'un tonneau emprisonnant suffisamment d'air pour qu'un plongeur reste quelques minutes sous l'eau.

La cloche de Halley

L'astronome britannique Edmund Halley plonge en 1690 dans une cloche en bois recouverte de plomb. Grâce à l'oxygène que lui procurent des tonneaux remplis d'air, il demeure une heure sous l'eau.

En 1772, un Français présente un casque de cuivre muni de trois hublots et relié à un sac empli d'air que le plongeur traîne derrière lui.

Le scaphandre lourd

En 1797, voilà le premier scaphandrier. Il est vêtu d'un casque étanche, d'une veste et d'un pantalon en cuir. Un tuyau lui envoie de l'air frais depuis la surface.

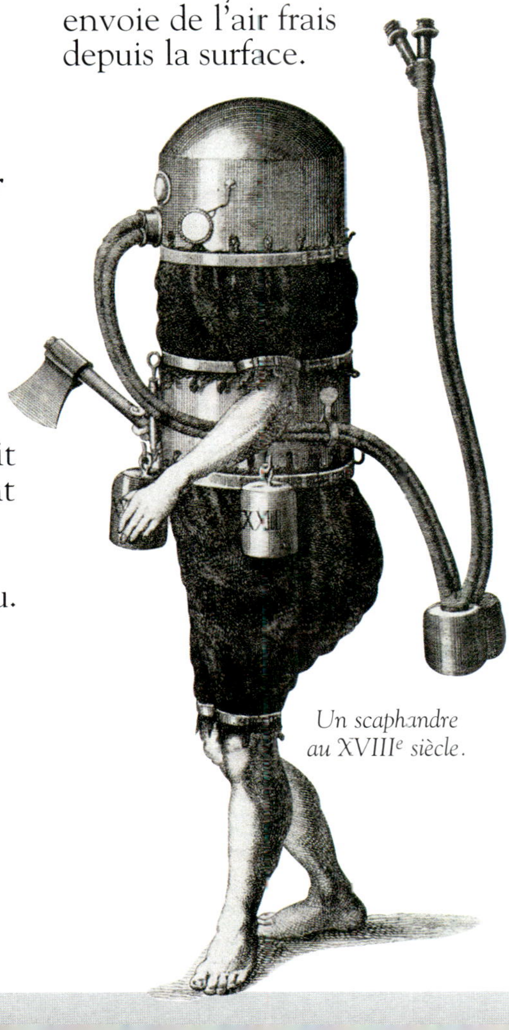

Un scaphandre au XVIIIᵉ siècle.

Pour descendre et pouvoir rester au fond, le plongeur emporte de lourdes masses de plomb !

De l'air en bouteilles

Dès la moitié du XIXᵉ s., on imagine de rendre le plongeur libre de ses mouvements en l'équipant de bouteilles remplies d'air. Pour disposer d'une réserve importante, on comprime cet air, mais une difficulté surgit : comment rendre respirable cet air sous pression ? En 1947, le commandant français Jacques-Yves Cousteau emploie un détendeur, un petit appareil qui règle le débit de l'air.

Équipement à bouteilles de Cousteau mis au point en 1947. L'oxygène parvient au plongeur par le détendeur.

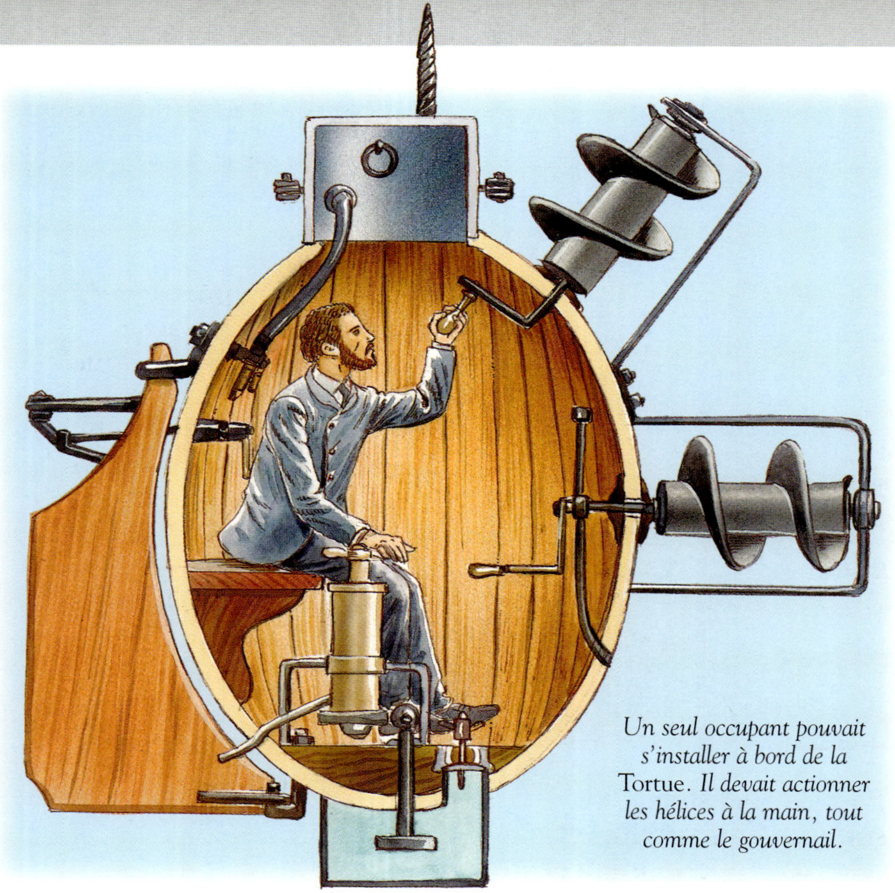

Un seul occupant pouvait s'installer à bord de la Tortue. *Il devait actionner les hélices à la main, tout comme le gouvernail.*

La *Tortue*, l'ancêtre du sous-marin

L'Américain David Bushnell construit la *Tortue* en 1776. Actionnée par deux hélices que le pilote manœuvre à la main, elle ne plonge pas complètement. Un hublot en surface permet de faire entrer de l'air et de se diriger.

Comment propulser les sous-marins ?

Le *Nautilus*, inventé en 1798 par un Américain pour soutenir la flotte militaire française, est muni d'une hélice actionnée à la main ! L'équipage de 3 hommes peut y séjourner environ 3 heures, mais les missions sont limitées.
Au XIXe siècle, on cherche à propulser les sous-marins avec une machine à vapeur, mais comment évacuer la fumée quand le bâtiment est en plongée ? La solution est trouvée en 1888.

Faire plonger un navire

Un navire flotte sur l'eau. Comment alors le faire plonger puis, ensuite, remonter en surface ? Le Britannique William Bourne résout la difficulté en 1578. Il imagine d'aménager des pièces étanches de chaque côté du navire. En les remplissant d'eau, le bateau s'alourdit et plonge. En les vidant, le navire s'allège et remonte. Le projet n'est pas réalisé, mais le principe des ballasts, ces réservoirs qu'on remplit et qu'on vide, est retenu.

Ce premier sous-marin moderne à deux moteurs, l'un fonctionnant au pétrole, l'autre électrique, est appelé Gymnote, *qui est aussi le nom d'une anguille électrique !*

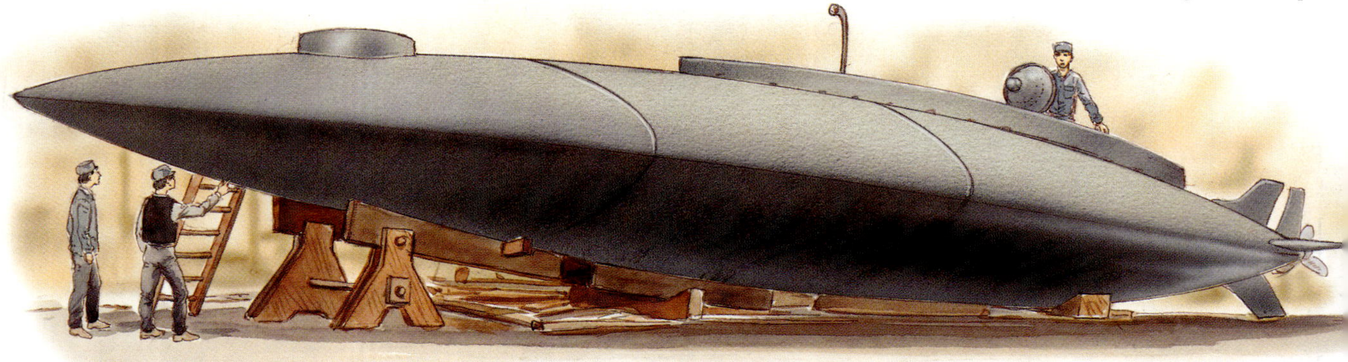

Le Nautilus*, sous-marin à propulsion nucléaire, est le premier à rester plusieurs jours en plongée sans refaire surface.*

Le sous-marin français le *Gymnote* possède deux moteurs. En surface, ses hélices sont actionnées par un moteur à pétrole. En plongée, elles sont propulsées par un moteur électrique. Les batteries sont rechargées quand le navire est en surface. À bord, on respire de l'air stocké dans des bouteilles.

Les sous-marins nucléaires

En 1955, les Américains lancent un nouveau *Nautilus* (qui n'a rien à voir avec celui du XVIIIe siècle). Ce sous-marin est propulsé par un mini-réacteur nucléaire. Cette énergie permet au bateau de demeurer plusieurs jours, voire plusieurs semaines, en plongée, sans faire surface. L'air respiré est recyclé en permanence. Autre avantage, le moteur est silencieux, ce qui rend le sous-marin indétectable...

Vers les grands fonds

C'est extrêmement délicat de descendre profondément au-dessous de 500 m car la pression augmente très rapidement. La coque d'un sous-marin classique ne résisterait pas.
En 1954, un bathyscaphe (voir ci-dessous) conçu par l'ingénieur suisse Auguste Piccard atteint 4 050 m avec deux hommes à bord. Sa coque mesure 9 cm d'épaisseur ! En 1960, le *Trieste*, du même ingénieur, établit le record absolu à 11 020 m de profondeur.

Le Trieste *est un bathyscaphe, mot qui vient du grec et signifie barque des profondeurs. Depuis 1960, il détient le record de profondeur, il a plongé avec deux personnes à son bord à plus de 11 km sous la surface !*

Des instruments pour

L'astrolabe (1) et le sextant (2) permettent de se situer grâce aux étoiles et au soleil. Hélas, ils ne peuvent être utilisés par temps couvert.

Pendant des siècles, les marins restent près des côtes. La nuit, ils se guident grâce aux étoiles. Jusqu'au Moyen Âge, ils naviguent à l'estime, sans savoir où ils vont accoster.

L'astrolabe, une invention arabe

Cet instrument est né au Proche-Orient autour du Ve siècle. Il permet de calculer l'angle que forme la ligne d'horizon avec le soleil, la Lune et les étoiles. Cet angle sert à se situer par rapport au nord. Les marins déterminent ainsi la latitude à laquelle ils se trouvent (leur position par rapport au nord et au sud). Les Arabes perfectionnent l'astrolabe qui leur est aussi utile pour savoir dans quelle direction se trouve La Mecque, la ville sainte vers laquelle il faut se tourner pour prier.

Le sextant

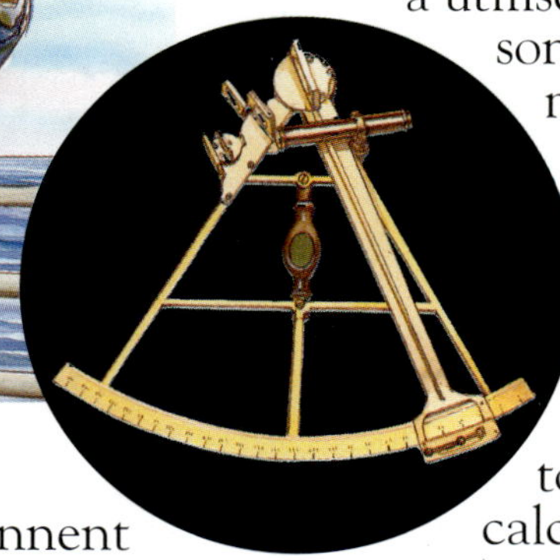

Au XVIIIe siècle, le sextant remplace l'astrolabe. L'instrument est plus facile à utiliser et, surtout, son système de miroir et de verres fumés protègent les yeux lorsque le marin vise le soleil. Il permet toujours de calculer sa position mais, comme avec l'atsrolabe, uniquement par temps clair et dégagé.

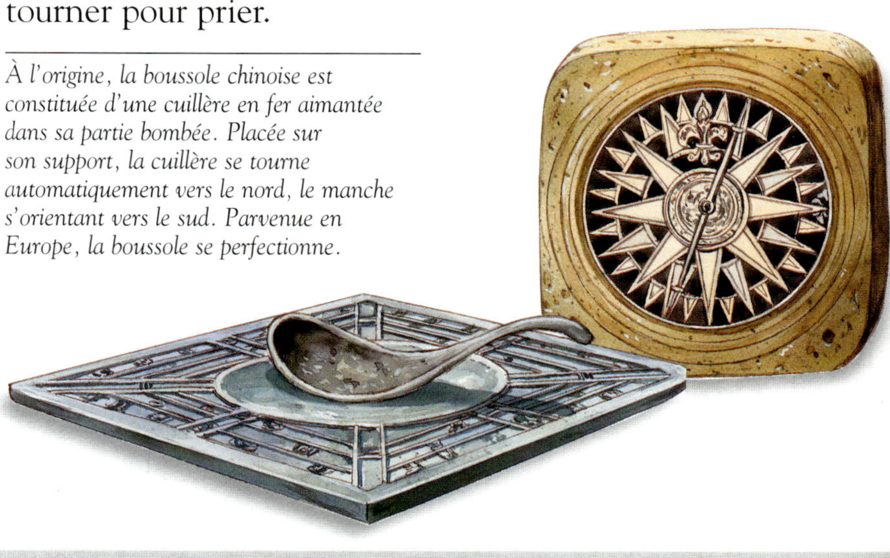

À l'origine, la boussole chinoise est constituée d'une cuillère en fer aimantée dans sa partie bombée. Placée sur son support, la cuillère se tourne automatiquement vers le nord, le manche s'orientant vers le sud. Parvenue en Europe, la boussole se perfectionne.

se repérer en mer

À partir de la carte de Mercator, à gauche, la Terre, qui est une sphère, est représentée sur la surface plane d'une feuille de papier avec un maximum de précision grâce au tracé des méridiens et des parallèles.

La boussole chinoise
L'aiguille de fer de la boussole est aimantée. Si on la fait flotter sur de l'eau, cette pointe se tourne automatiquement vers le pôle Nord. Ce phénomène naturel est provoqué par le magnétisme de la Terre. Les Chinois utilisent la boussole dès le Ve siècle. Elle ne leur sert pas à se repérer en mer mais à choisir l'orientation de leur maison afin d'être en harmonie avec l'esprit des morts ! Ce n'est qu'au début du XIe siècle que les marins chinois l'utilisent. Un siècle plus tard, des voyageurs arabes la rapportent en Europe. Enfin, avec ce nouvel instrument, même de nuit ou par temps couvert, les marins savent où se trouvent les quatre points cardinaux : nord, sud, est et ouest.

Le monde représenté sur des cartes
Les plus anciennes datent des Égyptiens. Elles sont incomplètes et imprécises. En 1569, un géographe flamand du nom de Mercator dessine une carte du monde sur laquelle il fait figurer pour la première fois un quadrillage formé de méridiens (des lignes verticales sur un axe nord-sud) et des parallèles (des lignes horizontales sur un axe est-ouest). Les marins peuvent se repérer et tracer leur route avec précision.

Le chronomètre de marine
C'est le nom donné à l'horloge que le Britannique John Harrison présente en 1761. D'une précision jamais atteinte encore, elle permet enfin aux marins de calculer leur longitude, c'est-dire l'endroit où ils se trouvent par rapport à l'est ou à l'ouest. Avant le départ, l'horloge est réglée sur l'heure de Londres, en Grande-Bretagne. Chaque jour, quand la pendule indique midi, les marins déterminent avec le sextant l'heure qu'il est à l'endroit où ils se trouvent. S'il est 11 h, ils savent qu'ils ont vogué vers l'ouest. S'il est 13 h, ils savent qu'ils ont vogué vers l'est. Un calcul approximatif leur permet de connaître la distance parcourue.

Premiers signes et

À gauche, une tablette d'argile gravée avec la première des écritures ; celle-ci apparaît en Mésopotamie il y a plus de 5 000 ans.
Les Égyptiens emploient les hiéroglyphes, à droite, à partir de 3100 av. J.-C. Réservant les hiéroglyphes aux textes sacrés, ils se servent d'une écriture simplifiée pour les textes courants.

La plus ancienne écriture connue date des Sumériens, 3 300 ans av. J.-C. Avec cette invention, les hommes gardent des traces de leur passé. L'humanité sort de la Préhistoire et entre dans l'Histoire…

Un mot, un dessin

Les Sumériens, qui habitent la Mésopotamie, au sud de l'actuel Irak, inventent l'écriture pour compter les animaux de leurs troupeaux, les sacs de blé de leurs récoltes, le montant des impôts à payer, etc.
Ils emploient des pictogrammes, c'est-à-dire qu'ils dessinent les objets qu'ils veulent représenter.
Peu à peu, pour écrire de nouveaux mots, ils associent des dessins.
Par exemple, placés côte à côte, le dessin d'un bâton et le dessin d'un mouton représentent le mot berger.

Des signes en forme de pointes

Gravés dans des tablettes d'argile, les pictogrammes prennent du temps à écrire.
Autour de 2800 av. J.-C., les scribes*, dont le travail est principalement d'écrire, remplacent les dessins par des petites pointes.
Cette écriture spécifique, qui a la forme de coins et de clous, a été appelée « écriture cunéiforme ».
Elle compte 2 000 signes qui ne représentent plus les objets mais les mots.

Des mots à partir des sons

À la même époque, les scribes commencent à simplifier leur écriture en utilisant les sons des mots, comme dans les rébus.
Les scribes égyptiens, qui ont inventé les hiéroglyphes (des dessins illustrant les éléments de la réalité), commencent eux aussi

premières écritures

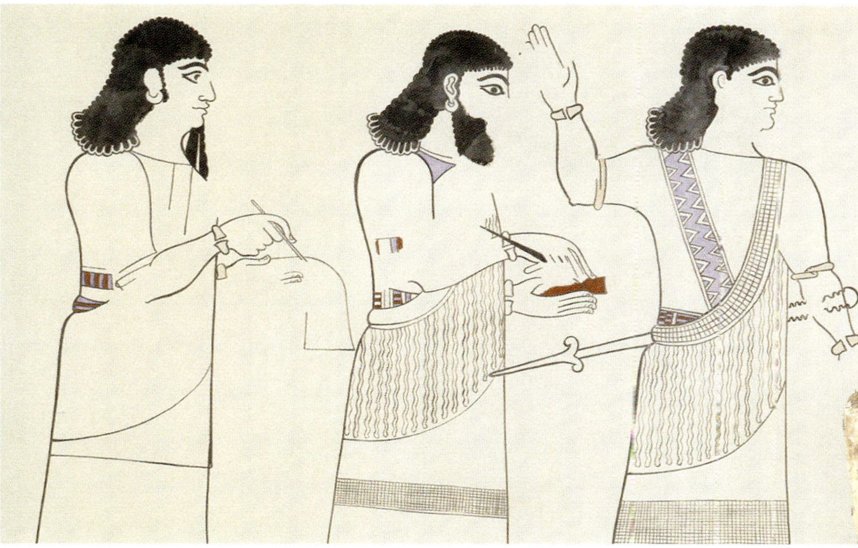

Sur ce dessin d'époque (à gauche), deux scribes sumériens écrivent, l'un sur une tablette d'argile, l'autre sur du papier. Les commerçants de Mésopotamie, qui rencontrent les marchands phéniciens, adoptent en effet leur alphabet, plus simple à écrire et à tracer sur le papier.

Ci-dessous, un texte gravé avec les lettres de l'alphabet phénicien qui date de 500 av. J.-C. environ.

à écrire à partir des sons. Ainsi, s'il existe un signe pour le mot chat et un signe pour le mot pot, le mot « chapeau » pourra être constitué des deux signes existants.

En Chine, une écriture inspirée des oiseaux

Autour de 1500 av. J.-C., les Chinois rédigent leurs premiers textes. La légende raconte qu'ils auraient inventé leurs signes en observant la trace des pattes d'oiseau dans la boue des rizières. En chinois, chaque signe (idéogramme) désigne un mot. En réunissant deux mots, on peut en écrire un troisième. Ainsi, en écrivant deux fois le signe « arbre », on invente le mot « forêt ».

Les Phéniciens créent l'alphabet

À partir de 1500 av. J.-C., les Phéniciens, peuple de l'actuel Liban, emploient une manière totalement nouvelle d'écrire leur langue. Il n'y a ni dessins ni signes qui représentent des mots, mais 22 lettres, uniquement des consonnes. En les assemblant, on écrit des mots. Le système est si pratique que les Hébreux et les Grecs empruntent cet alphabet, le modifient et le perfectionnent.
Les Grecs, par exemple, lui ajoutent quatre voyelles. Autour du IIe siècle av. J.-C., les Romains adoptent cet alphabet de 26 lettres. C'est toujours celui que nous utilisons aujourd'hui.
Les historiens pensent que les Phéniciens ont eux-mêmes dessiné leurs lettres en s'inspirant des hiéroglyphes égyptiens. Ainsi, la lettre « b » ressemble au dessin égyptien qui représentait le mot « maison », la lettre « g » à celui qui représentait le mot « chameau »...

Premiers papiers,

La fabrication du papyrus.

Avant d'inventer le papier, les hommes écrivent sur de nombreux supports : pierres, écorces d'arbre, carapaces de tortue, morceaux de poterie, tablettes d'argile, plaques de cire...

Le papyrus

En Égypte, la tige de papyrus, une plante qui pousse sur les bords du Nil, sert déjà à tresser des tapis, des barques, des sandales... Trois mille ans av. J.-C., les Égyptiens pensent à en couper de fines lamelles pour les entrelacer et confectionner des feuilles. Léger et résistant, ce support est facile à transporter.

Les guêpes inspirent l'invention du papier

La légende raconte que le Chinois Tsai Lun, un officier de la cour de l'empereur, aurait inventé le papier, 100 ans ap. J.-C., en observant des guêpes qui confectionnaient leur nid. Celles-ci arrachaient des fibres de bambou, les trempaient de salive et les étalaient. Tsai Lun plonge alors des fibres de bambou dans l'eau, les broie puis fait sécher cette pâte au soleil. Trois siècles plus tard, les Chinois améliorent leur papier en utilisant du chanvre, une fibre qu'ils préparent comme le bambou. Ce papier de chiffon n'arrive en Europe qu'au XIIIe siècle.

La fabrication du papier en Chine au Ier siècle.

premiers crayons

Le parchemin

Le parchemin apparaît deux siècles av. J.-C. dans l'actuelle Turquie. Les scribes ne recevant plus de papyrus égyptien, les tanneurs leur préparent des peaux de mouton, de veau ou de chèvre. La peau est lavée, puis débarrassée des derniers morceaux de chair. Raclée, la peau est tendue sur un cadre de bois où elle sèche. Confectionné avec de vieux vêtements, le papier chiffon, moins coûteux, remplace le parchemin. À partir du XIXe siècle, le papier est fabriqué avec du bois broyé mélangé à de la colle.

Le roseau et la plume

En Égypte, on écrit avec des roseaux taillés en pointe. La tige creuse sert de réservoir pour l'encre fabriquée avec du charbon et de l'eau. En Europe, où les roseaux sont rares, les moines du Moyen Âge emploient de grandes plumes d'oie trempées dans de l'encre. Au milieu du XIXe siècle apparaissent les porte-plumes auxquels on pense ensuite à ajouter des réservoirs à encre.

Le crayon à mine

Au milieu du XVIe siècle, les Anglais écrivent avec des mines de graphite, une sorte de charbon rare. À la fin du XVIIIe siècle, la France et la Grande-Bretagne étant en guerre, les mines anglaises n'arrivent plus en France. Pour les remplacer, le Français Nicolas Conté mélange de la poudre de graphite et de l'argile. Il rend la mine plus facile à employer en la glissant dans un morceau de bois.

La bille

Un journaliste hongrois, Laszlo Biroll, l'invente en 1938. Dans la rue, il voit des enfants qui jouent aux billes. L'une d'elles, qui a traversé un caniveau, laisse une trace derrière elle. De là lui vient l'idée de placer une petite bille au bout d'un tube contenant une encre à séchage rapide.

La plume d'oie est remplacée par une plume en métal, puis on y ajoute un réservoir d'encre.

Les Chinois inventent

Les graveurs écrivent le texte à l'endroit, retournent la feuille sur la plaque de bois et suivent l'empreinte laissée par l'encre pour graver le texte en relief.

En Europe, on considère que l'imprimerie a été inventée par l'Allemand Gutenberg en 1450. Or, mille ans auparavant, les Chinois impriment déjà des textes et des images !

Des milliers d'exemplaires

Pendant longtemps, la copie à la main est le seul moyen de reproduire un texte. En Chine, ce travail est particulièrement long car les idéogrammes (les caractères chinois) sont compliqués à tracer. Dans ce grand empire très peuplé, on cherche une technique pour reproduire des textes plus facilement.

Graver pour imprimer

Au IIe siècle, apparaît la lithographie (du mot grec lithos, pierre). Le texte est gravé à l'envers sur une pierre qui est enduite d'encre. En pressant fortement une feuille de papier sur la pierre, le texte gravé à l'envers est reproduit à l'endroit. Au IXe siècle, naît la xylographie (du mot xylo, bois). Les caractères sont sculptés en relief sur une planche de bois. Il faut être méticuleux car, en cas d'erreur, on doit tout recommencer.

Les caractères mobiles

La pierre ou la planche de bois gravées présentent un autre inconvénient, elles ne peuvent servir que pour une page. Au début du XIe siècle, un Chinois, Pi Sheng, moule des cubes en terre. Sur chacun d'eux, il sculpte un caractère à l'envers. Pour composer un texte, il suffit de ranger les cubes représentant les différents caractères les uns à côté des autres, de les encrer et d'appliquer une feuille de papier dessus. Les caractères peuvent ensuite être récupérés pour une nouvelle page.

L'invention de Gutenberg

En Europe, Johannes Gensfleisch (connu sous le nom de Gutenberg) pense à inventer ces caractères mobiles autour de 1445. Orfèvre à Mayence,

Caractères mobiles en bois d'origine chinoise.

l'imprimerie

Le compositeur prend les lettres (1) et les aligne pour composer la page (2). Le pressier encre les caractères et place la forme (où se trouve le texte composé) sur la presse. La feuille est posée dessus. La presse, inspirée du pressoir à vin, est serrée et maintient la feuille bien en contact avec les caractères encrés (3). La page imprimée est ensuite mise à sécher.

en Allemagne, il a l'habitude de sculpter des poinçons pour sceller les cachets de cire qui ferment les lettres de l'époque. Il réalise des caractères résistants en plomb qui peuvent ainsi être utilisés de nombreuses fois. En 1450, il imprime son premier livre : la Bible.

L'impression offset

Au fil des siècles, l'imprimerie se mécanise mais continue d'employer des caractères en plomb. Tout change à partir des années 1970 avec la mise au point de l'impression offset. Le texte est composé et mis en page avec les images sur ordinateur. Chaque page est imprimée sous forme de film translucide. Grâce à un procédé photographique, ce film permet de préparer des plaques dites offset. Celles-ci sont fixées sur un cylindre lui-même fixé sur une machine d'imprimerie. Lorsque la machine fait tourner le cylindre, la plaque encrée se décalque sur le papier. Pour imprimer une page en couleurs, 4 plaques et 4 cylindres sont nécessaires, chacun déposant une couleur : noir, bleu, rouge, jaune.

Le procédé d'impression offset apparaît dans les années 1970. Le papier passe entre des plaques encrées sur lesquelles sont gravées les pages.

Le télégraphe

Grâce au télégraphe de Chappe, Paris et Lille, séparées de 230 km, peuvent se transmettre un message en une demi-heure. Un employé décrypte le message à la longue vue, tandis qu'un autre actionne le télégraphe pour le transmettre à la station suivante.

Signaux de fumée, rythmes frappés sur des tam-tams, messages portés par des cavaliers ou des pigeons voyageurs... Pour communiquer malgré les distances, les hommes ont imaginé de multiples systèmes.

Le télégraphe de Chappe

Adolescent, le Français Claude Chappe, qui suit ses études dans une institution, se trouve séparé de ses trois frères étudiant dans le collège voisin. Ne pouvant se retrouver, les garçons communiquent grâce à des signaux visuels transmis avec leurs règles en bois. En 1790, Claude Chappe s'inspire de ce système : à l'extrémité d'une barre de 4 m de long, il place deux bras de 2 m chacun. Un système de poulies et de cordes actionne les trois pièces qui sont peintes en noir pour se détacher sur le bleu du ciel. Chacune des positions du télégraphe signifie un message selon un code fixé à l'avance. À partir de 1794, 5 000 km de relais sont installés dans toute la France, tous les 10 km environ, sur des églises et des tours situées sur des collines.

Le télégraphe électrique

Avant même le télégraphe de Chappe, on pense à utiliser l'électricité pour envoyer des signaux. Les avantages d'un tel système seraient nombreux. L'électricité circulant dans les fils à la fabuleuse vitesse de 300 000 km/seconde, le message serait reçu instantanément. Le télégraphe pourrait aussi fonctionner la nuit et par temps de brouillard, à la différence du système de Chappe. En 1843, l'Américain Samuel Morse présente une invention simple et efficace.

Des points et des tirets

Samuel Morse est un artiste peintre qui a l'idée géniale

réduit les distances

Le 24 mai 1844, Samuel Morse envoie le premier message télégraphique en public de Washington à Baltimore. Il y écrit : « Qu'est-ce que Dieu a fabriqué là ? »

de coder chaque lettre de l'alphabet et chaque chiffre avec des points et des tirets. La lettre « V », par exemple, s'écrit avec trois points suivis d'un tiret. Pour transmettre cette lettre, le télégraphiste appuie trois fois de façon très courte et une fois plus longue sur l'interrupteur de son émetteur. À l'arrivée, le récepteur reçoit sur une bandelette de papier trois points suivis d'un trait. Le télégraphe connaît immédiatement un grand succès. À peine dix ans plus tard, un câble sous-marin posé sous la Manche relie Paris à Londres. En 1858, un câble relie l'Europe à l'Amérique.

La télégraphie sans fil

En 1873, le Britannique James Maxwell explique que les ondes électriques invisibles peuvent circuler dans l'atmosphère. De nombreux savants se passionnent pour ces ondes. L'Allemand Heinrich Hertz réussit à en produire, le Russe Alexandre Popov, de son côté, invente l'antenne. En utilisant ces découvertes, l'Italien Guglielmo Marconi met au point, en 1895, un émetteur qui produit des ondes et un récepteur qui les capte. Agissant comme un fil invisible, ces ondes, appelées ondes hertziennes en hommage à Hertz, conduisent instantanément les signaux morse. La télégraphie est désormais sans fil ou TSF (voir aussi p. 66/67).

Le 18 mai 1897, l'Italien Guglielmo Marconi réussit à transmettre par des ondes radio un télégramme codé en morse.

La magie

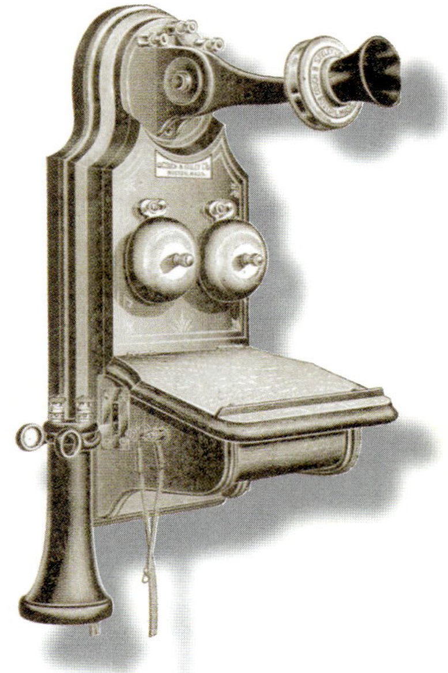

Les premiers téléphones apparus juste après l'invention de Graham Bell.

En 1876, deux personnes peuvent enfin se parler à des kilomètres de distance. Cette extraordinaire invention du téléphone a été rendue possible par la mise au point du micro et du haut-parleur.

Transformer la voix en courant électrique

Pour transmettre le son d'une voix par l'intermédiaire d'un fil électrique, il faut deux opérations : transformer les sons en signaux électriques, puis, à l'arrivée, transformer ces signaux électriques en sons. L'Américain Graham Bell est le premier à y parvenir. Professeur dans une école pour enfants sourds-muets, il a beaucoup étudié la voix et l'oreille humaine. Il sait que, lorsqu'on parle, on fait vibrer l'air qui nous entoure. Cela crée une onde qui fait vibrer à son tour le tympan, une petite peau qui se trouve dans l'oreille.
Il imagine de placer une petite plaque de fer devant un aimant entouré d'un fil électrique. En touchant la plaque, les vibrations de la voix font varier le courant électrique qui circule dans le fil.

Transformer le courant électrique en sons

À l'autre bout du fil, Graham Bell emploie un aimant entouré d'un fil électrique et une plaque de fer. Le dispositif est cette fois installé à l'envers.
En circulant dans l'aimant, le courant électrique fait vibrer la plaque de fer qui reproduit le son. Toutes les variations de la voix qui a parlé sont transmises. Celui qui écoute entend ce que dit la personne qui parle. Le 10 mars 1876,

du téléphone

Un standard au XIXe siècle.

Graham Bell s'adresse par ce système à son assistant Thomas Watson qui se tient dans une autre pièce.
Dès 1890, ce moyen électrique de communiquer à distance se développe.

Les standards
Ils sont indispensables pour mettre deux postes en communication. Au début, chaque abonné est relié au standard de sa ville. Quand il veut joindre un correspondant, il décroche son téléphone, indique le numéro demandé à la standardiste qui branche la ligne. Si la personne demandée habite une autre ville, la standardiste appelle le standard de cette ville.

Le téléphone automatique
À partir des années 1920, les téléphones sont équipés de cadran à chiffres.
En tournant le cadran, on compose le numéro de son correspondant et on entre en conversation avec lui directement. Le standard devient automatique. Il faut 50 ans pour que tous les foyers puissent en bénéficier.

Le téléphone portable
Il est à la fois poste récepteur et émetteur d'ondes radio, il a été mis au point à la fin de la Seconde Guerre mondiale pour les communications militaires. Au milieu des années 1980, il devient accessible au public. Chaque appel passe par le standard du réseau. Le téléphone émet une onde qui est captée par un relais. Celui-ci renvoie l'onde vers un central qui détecte le relais le plus proche du correspondant. Si les deux personnes sont très éloignées, la liaison est acheminée par un ou plusieurs satellites.

Téléphone à cadran.

Les portables actuels ne sont plus de simples téléphones, ils permettent de prendre et d'envoyer des photos, des messages…

Les ondes radio

Fonctionnant avec des lampes, les premiers récepteurs sont équipés d'une grande antenne pour capter les ondes hertziennes.

Pourquoi la télégraphie sans fil ne transmettrait-elle pas des voix et des musiques ? Autour de 1900, de nombreux ingénieurs y travaillent. La première émission de radio est diffusée le jour de Noël 1906.

À la recherche d'une onde suffisamment puissante

Après l'invention du micro, qui transforme la voix en signaux électriques, et du haut-parleur, qui transforme ces signaux en sons (voir p. 62/63), on cherche à transmettre la voix par l'intermédiaire des ondes hertziennes découvertes lors de la télégraphie sans fil. Manque de chance, ces ondes sont trop faibles pour transmettre les signaux électriques produits par le micro. Les ingénieurs cherchent donc un émetteur capable de produire des ondes plus puissantes et un récepteur capable de les recevoir. Le Canadien Reginald Fessenden y parvient le jour de Noël 1906. La musique qu'il diffuse est captée par des bateaux à plusieurs centaines de kilomètres.

La diode est la première lampe qui a permis d'émettre et de capter des émissions de radio. Elle est vite remplacée par la triode, plus perfectionnée.

Une lampe particulière

Cette première réussite technique est loin de résoudre tous les problèmes. Le signal que le récepteur capte est encore trop faible. L'auditeur a du mal à l'entendre. Lee De Forest, un jeune Américain, met au point une lampe appelée « triode ». Elle ressemble à une ampoule électrique qui amplifie le courant qui la traverse et permet de réaliser des émetteurs plus puissants et des récepteurs plus sensibles.

Des postes encombrants

Dès la fin de la Première Guerre mondiale, de nombreuses stations de radio commencent à émettre des programmes d'informations et de

circulent dans l'air

Dans les années 1950, les postes sont volumineux et fonctionnent encore avec des lampes. À la fin des années 1950, les premiers postes de poche sont lancés. Grâce au transistor, plus de lampes. Ces modèles très pratiques utilisent des piles.

divertissements. Les postes sont encore peu répandus, ils sont en bois et très encombrants. Dès les années 1930 pourtant, des modèles plus petits sont spécialement conçus pour être installés à bord des voitures. On cherche à miniaturiser encore ces postes mais l'on se heurte à deux difficultés : la taille des lampes et la quantité d'électricité qu'elles demandent.

Grâce au transistor, les postes s'emportent partout

En 1948, l'Américain William Shockley invente le transistor. Cette toute petite pièce de métal joue le même rôle que les lampes mais elle a l'avantage d'être légère, très résistante, facile et peu chère à fabriquer. Elle consomme aussi moins d'électricité. Les postes à transistors sont vite appelés simplement « transistors ». Ils peuvent fonctionner avec des piles et on les emporte partout.

Des émetteurs et des relais

Les émissions de radio sont diffusées depuis un émetteur situé généralement sur un endroit élevé : une tour spéciale ou le sommet d'une colline. À la vitesse de 300 000 km par seconde, les ondes se propagent dans l'air. Les ondes en modulation de fréquence (FM) offrent une très grande qualité d'écoute en stéréo, mais leur portée est limitée à quelques dizaines de kilomètres. Pour diffuser les émissions dans l'ensemble d'un pays, il faut installer de nombreux relais qui reçoivent l'émission et la renvoient vers les postes récepteurs. Les grandes ondes, les onde moyennes et les ondes courtes, elles, vont très loin mais elles n'offrent pas une aussi bonne qualité d'écoute.

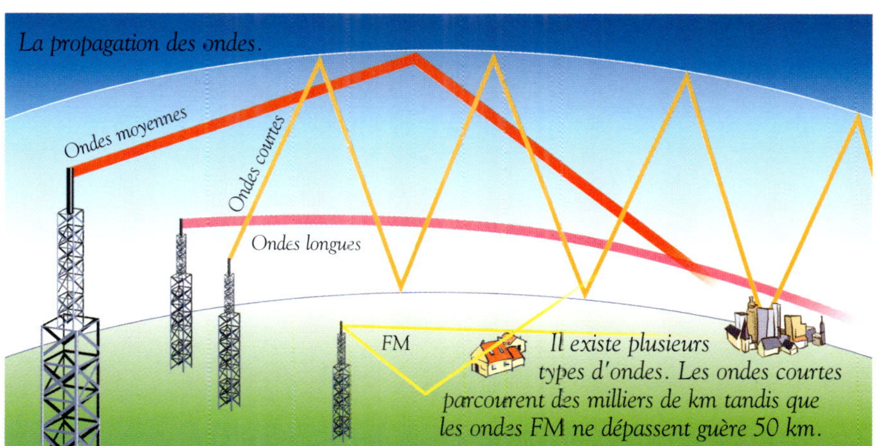

La propagation des ondes.

Il existe plusieurs types d'ondes. Les ondes courtes parcourent des milliers de km tandis que les ondes FM ne dépassent guère 50 km.

La voix et la mus

Avec le premier phonographe, le son est enregistré sur un rouleau, et un cornet sert à la fois de micro et de haut-parleur.

L'envie de conserver le son de la voix donne naissance au phonographe en 1877. D'année en année, la qualité des enregistrements progresse jusqu'à la quasi-perfection du disque compact à lecture laser.

Le tracé des vibrations de la voix

En 1856, l'Américain Leon Scott de Martinville étudie la voix humaine. Il cherche un moyen de « voir » les vibrations sonores. Il utilise une fine membrane reliée à une pointe posée sur un rouleau. La voix fait vibrer la membrane qui fait bouger la pointe. Celle-ci laisse des traces sur le rouleau noirci à la fumée. Ce « phonoautographe » ne reproduit pas la voix mais il donne des idées.

Le phonographe

En 1877, le poète français Charles Cros et l'inventeur Thomas Edison présentent chacun de leur côté leur phonographe, un appareil qui enregistre et reproduit les sons. Il est muni d'une membrane qui vibre et d'une pointe posée sur un rouleau recouvert d'étain. Quand la membrane vibre, la pointe creuse un sillon dans l'étain. Pour écouter, on refait passer la pointe dans le sillon. La pointe fait vibrer la membrane qui reproduit le son enregistré. Ce système fonctionne sans électricité, le rouleau tourne grâce à un mécanisme à ressort que l'on remonte.

Le disque à sillons

Les rouleaux en étain s'usant rapidement,

Un des premiers phonographes. Les sons enregistrés dans les sillons du disque font vibrer la pointe qui, à son tour fait vibrer une membrane

que enregistrées

À la fin des années 1950, les électrophones prennent la forme de petites valises ! Au Japon, en 1982, apparaît le CD, ou compact disc, c'est le début du son laser.

on les recouvre de cire plus résistante. Mais les rouleaux restent encombrants et fragiles. En 1888, l'Allemand Emil Berliner propose de les remplacer par un disque plat qui tourne à 78 tours par minute. L'imposant pavillon du phonographe rend parfaitement audibles les sons gravés dans les sillons.

L'électrophone, le microsillon et la stéréo

À la fin des années 1930, apparaissent les premiers électrophones. Le haut-parleur restitue le son grâce à un amplificateur électrique. Dans les années 1950, les sons sont gravés dans des microsillons, on enregistre ainsi davantage de musique sur un disque. À cette même époque est mis au point le son stéréo qui reproduit avec deux haut-parleurs ce qu'on entend avec chacune de nos oreilles quand on assiste à un concert.

Le disque compact

Tout change avec le disque à lecture laser*, au début des années 1980. Pour le fabriquer, des ordinateurs codent l'enregistrement. Chaque son est transformé en une incroyable série d'impulsions : 65 536 par seconde ! Sur le disque, celles-ci sont représentées par des creux et des reliefs microscopiques. En passant dessus, le rayon laser reconstitue la suite d'impulsions. Les sons sont reproduits avec une fidélité jamais connue.

Le magnétophone

En 1898, le Suédois Valdemar Poulsen réalise le premier enregistrement magnétique grâce à un micro qu'il déplace sur une corde de piano aimantée. En 1927, on remplace cette corde par une bande en fer souple, elle-même rapidement remplacée par une bande en plastique recouverte d'oxyde de fer. Au milieu des années 1960, les bandes sont protégées et enfermées dans des petites boîtes : les cassettes.

Dans les années 1960, les magnétophones sont encore lourds et encombrants.

La photographie ou

Au début du XXᵉ siècle, le photographe se place sous un drap noir pour faire la mise au point.

Avant le XIXᵉ siècle, seuls le dessin, la peinture ou la gravure peuvent reproduire le réel. En 1826, le Français Nicéphore Niépce découvre une technique qui permet enfin de fixer une image de la réalité.

La chambre noire

Avec son frère Claude, Nicéphore Niépce mène diverses recherches, notamment sur le moteur à essence. Il s'intéresse aussi au moyen de reproduire des gravures. Il emploie la technique très ancienne de la chambre noire ou *camera obscura* (voir le schéma). Mais ce procédé n'est pas satisfaisant : dès qu'il manque de la lumière, l'image disparaît. Niépce souhaiterait fixer l'image sans avoir à la dessiner.

L'utilisation de la chimie

Depuis l'Antiquité, on sait que certaines substances sont sensibles à la lumière. Niépce mène ses expériences à partir d'une plaque d'étain qu'il recouvre d'un goudron naturel. Il obtient en 1826 ce que l'on considère comme la première photographie après avoir laissé sa plaque exposée à la lumière pendant 8 heures.

Une invention collective

C'est l'associé de Niépce, Louis Daguerre, qui perfectionne le procédé en parvenant à réduire le temps de pause. Quelques minutes d'exposition à la lumière suffisent désormais à obtenir une image. Toutefois, c'est encore long pour les premières personnes qui se font photographier. Elles ne doivent pas bouger pendant plusieurs minutes, sinon leur portrait est flou.

La camera obscura, *connue depuis l'Antiquité, est l'ancêtre de l'appareil photo. La lumière pénètre par un petit trou et l'image inversée vient se projeter sur le fond de la boîte.*

l'image de la réalité

Boîte de Niepce, 1826.

Portatif Kodak, 1888.

Leica taille réduite, 1925.

Compact, années 1980.

Numérique, fin des années 1990.

Un support plus pratique
Jusqu'en 1889, les photos sont prises sur des plaques de verre ou de fer. L'Américain George Eastman fabrique les premiers rouleaux de pellicule en papier puis en Celluloïd, une sorte de plastique souple. Le bruit du déclencheur lui donne l'idée d'appeler ses appareils Kodak.

La photo couleur
Pour se rapprocher le plus possible de la réalité, les épreuves photographiques sont d'abord coloriées, puis les frères Lumière (voir p. 70) inventent en 1904 un procédé à base de fécule de pomme de terre et obtiennent des photos en couleurs.

L'évolution des appareils
Les premiers appareils sont des boîtes en bois lourdes et encombrantes. À partir de l'emploi du papier et des films, les boîtiers deviennent moins imposants.
Dès 1888, Kodak sort le premier appareil portatif avec film. Dès les années 1920, l'appareil tient dans une main.

Faciles, petits, pratiques
L'appareil photo moderne est généralement constitué d'un boîtier, qui renferme un film sur lequel s'inscrivent les images, et de l'objectif, qui permet de faire entrer plus ou moins de lumière et d'ajuster la netteté. À partir des années 1980, se répandent des appareils où les réglages se font automatiquement. Les progrès de miniaturisation et les matériaux employés rendent les appareils de plus en plus légers.

La révolution numérique
À la fin des années 1990, la photo numérique révolutionne le monde de la photo. Des capteurs faits de minuscules cellules électriques composent l'image. Les photos sont stockées dans une petite carte mémoire. Un écran permet de trier les images prises et de ne conserver que les plus intéressantes. On peut aussi mettre ses photos sur ordinateur et les retoucher.

Le cinématographe,

À partir de 1876, le praxinoscope montre des petites scènes animées.

Le fusil photographique.

Le perfectionnement des pellicules photographiques permet aux frères Lumière d'inventer le cinématographe. Ils tournent et projettent leurs premiers films en 1895.

Qu'est-ce que l'illusion du mouvement ?

Si une série d'images défile très vite devant les yeux, on a l'impression qu'elles se suivent de façon continue. On s'aperçoit que l'œil humain ne peut capter qu'une dizaine d'images par seconde. À partir de cette constatation, le Français Émile Reynaud fabrique en 1876 une boîte dans laquelle défilent de petites scènes illustrées. L'œil perçoit un dessin animé.

La décomposition du mouvement

Le photographe Edward Muybridge parvient à décomposer les mouvements d'un cheval au galop. Il tend 12 fils reliés à 12 appareils photo sur le trajet du cheval. À chaque fil brisé par l'animal, un cliché est pris. Chaque mouvement du cheval est ainsi décomposé : c'est le principe du cinéma.

Le fusil caméra

Le médecin français Étienne Marey cherche à photographier lui aussi le mouvement. En 1888, il utilise les premières pellicules photo qu'il place dans un appareil en forme de fusil de sa fabrication.

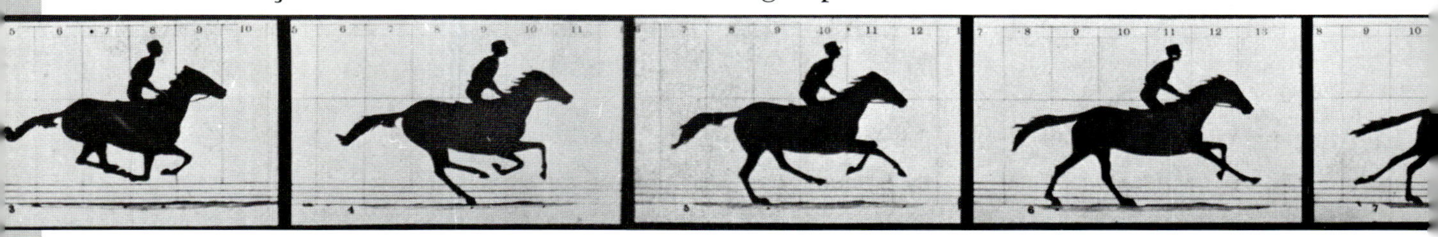

les images s'animent

Le 28 décembre 1895, Auguste et Louis Lumière présentent leurs premiers films. Celui d'un train entrant en gare effraie les spectateurs du premier rang qui croient voir la locomotive foncer sur eux.

La gâchette fait avancer la pellicule et prend plusieurs images par seconde.

Les frères Lumière

En 1894, l'Américain Thomas Edison construit une caméra capable de prendre 46 images par seconde. L'année suivante, les Français Auguste et Louis Lumière simplifient la caméra et prennent seulement 16 images par seconde. Lors de la projection, les 16 images mises à la suite recréent le mouvement. Leur appareil, appelé cinématographe, sert à la fois de caméra et de projecteur.

Le cinéma parlant

Pour faire parler le cinéma, on utilise d'abord des disques, mais il est très difficile de diffuser le son en même temps que le film et de faire correspondre les paroles aux mouvements des lèvres des personnages. En 1928, on parvient à enregistrer le son en même temps que les images sous forme de traits qui sont lus sur la pellicule par des cellules photoélectriques*.

Le cinéma en couleurs

Longtemps, les films restent en noir et blanc. On pense d'abord à les colorier image par image, mais ce travail long et difficile n'est pas satisfaisant. En 1932, est mis au point un système de 3 pellicules : bleu, jaune, rouge qui sont assemblées pour donner un film couleur. En 1951, les différentes couleurs sont enregistrées sur une seule et même pellicule.

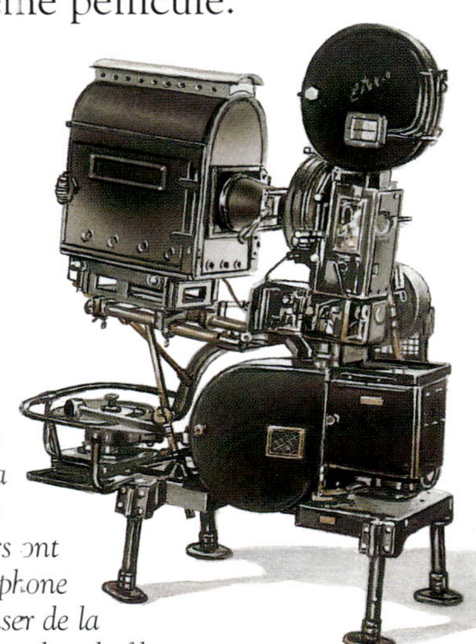

Au temps du cinéma muet, des projecteurs ont un gramophone pour diffuser de la musique pendant le film.

La télévision, l'image

Seuls quelques exemplaires de cette télévision de 1929 furent fabriqués.

Un poste de télévision en 1939. À l'époque, c'est un véritable meuble comportant un tout petit écran. Il est encore très peu répandu.

Dès la fin du XIXe siècle, des ingénieurs cherchent à transmettre des images comme le téléphone transmet le son.

Le principe

Dès 1880, le romancier français Maurice Leblanc décrit comment transmettre une image. Il faut disposer pour cela d'une caméra qui transforme la lumière en signaux électriques et d'un écran qui transforme ces signaux électriques en images. Hélas, à son époque, les moyens techniques ne permettent pas de passer du rêve à la réalité.

1926, la première télévision

L'Écossais John Baird réalise la première transmission d'images en 1926. Il utilise un procédé mécanique qui doit être minutieusement réglé entre la caméra qui filme et le poste qui reçoit. En outre, l'image est de très petite taille et de qualité très médiocre.

Le tube cathodique

Le procédé de Baird est trop compliqué à utiliser.
En 1936, le Russe Vladimir Zworykin met au point un système entièrement électronique. Il présente le tube cathodique. Une sorte de grosse ampoule vide d'air constituée d'un écran phosphorescent et d'un canon à électrons*. Pour reconstituer l'image, des milliers d'électrons balaient l'écran en suivant des lignes. Dans leur course à plus de 300 000 km/seconde,

L'invention du tube cathodique donne naissance aux téléviseurs modernes.

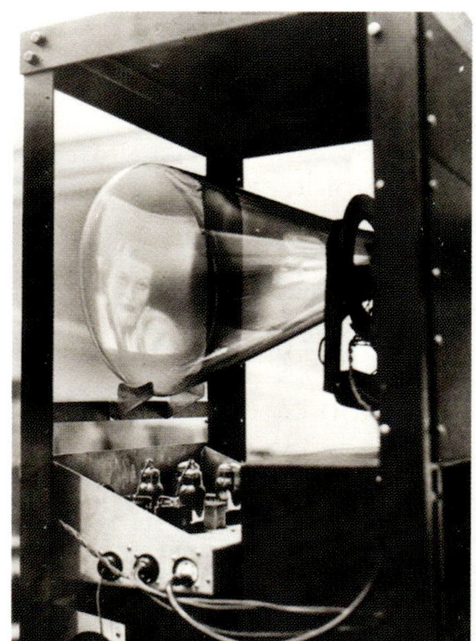

du monde en direct

Le 20 juillet 1969, les premiers pas des Américains sur la Lune sont diffusés par la télévision. Les images voyagent désormais à travers l'espace.

ils font briller chaque point de l'écran plus ou moins fortement. 25 fois par seconde, une nouvelle image se forme. Ce système est si rapide que l'œil voit des images s'enchaîner.

Le téléviseur couleur

Imaginé dès la fin des années 1920, le procédé de télévision couleur n'est mis au point qu'au début des années 1960. Chaque point de l'écran est alors séparé en trois parties : une pour le rouge, l'autre pour le bleu, la dernière pour le vert. Le canon à électrons envoie trois faisceaux différents qui font chacun briller les points d'une couleur. Selon les couleurs à obtenir, les électrons font briller davantage les points bleus, rouges ou verts.

Des écrans plats et toujours plus grands

Depuis les années 1990, les gros tubes cathodiques cèdent la place à des écrans plats à cristaux liquides ou au plasma. On améliore la définition de l'image : elle devient de plus en plus nette et précise, de meilleure qualité.

Des images qui parcourent l'espace et le monde

Pendant très longtemps, les émissions de télévision sont uniquement transmises par des émetteurs installés sur Terre. En 1969, les Américains réalisent une première extraordinaire : ils transmettent des images en direct depuis la Lune, à 384 400 km de la Terre ! Encore aujourd'hui, certains se demandent si ces images ont réellement été transmises depuis la Lune, même si le défi technique était réalisable. À partir des années 1990, de puissants émetteurs envoient les ondes à des satellites placés à 36 000 km de la Terre. Ceux-ci renvoient instantanément ces ondes captées par des paraboles. Ainsi, il est possible de recevoir un nombre impressionnant de chaînes. Un événement qui se déroule n'importe où sur la Terre peut être vu partout en même temps.

Les ordinateurs : des

Le boulier chinois.

La Pascaline : *au XVIIe siècle, pour la première fois, une machine avec des engrenages calcule à la place de l'homme.*

Les ordinateurs, désormais indispensables, sont apparus vers 1945 aux États-Unis. Ils procurent aux hommes la première machine à calculer.

Le boulier des Chinois

Additionner ou multiplier deux nombres... Cela demande du temps et de l'attention pour ne pas commettre d'erreurs. Au cours du IVe siècle av. J.-C., les Chinois inventent le boulier. Des boules représentent les nombres. Avec un peu d'entraînement, on peut effectuer très rapidement les additions, les soustractions, les multiplications et les divisions.

L'aide des rouages de l'horloge

En 1642, alors qu'il n'a pas encore 20 ans, le Français Blaise Pascal construit la *Pascaline* pour son père qui est chargé de collecter les impôts du roi. Cette machine fonctionne avec des rouages d'horlogerie. La *Pascaline* effectue uniquement des additions et des soustractions.

Tout calculer

En 1837, le mathématicien britannique Charles Babbage présente le plan d'une machine capable d'effectuer des calculs très compliqués. Mais cet appareil composé de centaines de rouages coûterait trop cher à réaliser. Cela reste un projet.

Compter plus rapidement

En 1890, les États-Unis désirent compter leurs habitants. Pour faciliter les opérations, le gouvernement cherche une machine à calculer. Un concours est lancé. Le vainqueur,

Au XIXe siècle, de superbes caisses enregistreuses servent aux commerçants.

machines pour compter

C'est l'armée américaine qui commande ce premier ordinateur. L'Éniac était capable d'effectuer des calculs qui demandaient auparavant le travail de 200 personnes !

Hermann Hollerith, invente une machine constituée de rouages, de touches avec des chiffres et d'une manivelle. Le résultat s'inscrit sur un rouleau de papier.

Le premier ordinateur : une machine de 30 tonnes !

Quand apparaissent les diodes et les tubes à vide, des scientifiques imaginent de les employer pour construire de puissantes machines à calculer électriques. Plusieurs essais sont effectués avant qu'en 1946 deux chercheurs américains, John Machly et John Exkert, présentent *l'Éniac*. Ce premier ordinateur, qui leur a demandé quatre ans de travail, est une gigantesque machine qui pèse 30 tonnes et qui occupe toute une grande pièce. Il consomme alors autant d'électricité que 2 000 ampoules de 100 W. Pourtant, il représente un progrès extraordinaire puisqu'il peut réaliser en deux heures des calculs compliqués qui auraient demandé un siècle à un homme seul !

Le premier bug de l'histoire

Un « bug » est une panne informatique. Ce mot, qui signifie « insecte » en anglais, n'a pas été choisi au hasard. En effet, c'est à cause d'une mite coincée dans un relais électrique que *l'Éniac* connut un jour une panne.

Le premier écran

Les premiers ordinateurs n'ont pas d'écran.
Les informaticiens entrent les données par l'intermédiaire d'un clavier. L'ordinateur fournit ses résultats sur des bandes de papier, comme celles du télégraphe de Morse (voir p. 60). Le premier écran, qui permet de visualiser les informations, est ajouté en 1952.

Des puces, des

D'importantes inventions (transistor, puce…) permettent de construire des ordinateurs de plus en plus petits qui prennent leur place partout (au travail, à la maison, dans la voiture…) et deviennent indispensables.

La course vers la miniaturisation

En 1947, les petits transistors remplacent les grosses lampes diodes et triodes (voir p. 64). Cette invention permet, dix ans plus tard, de construire les premiers circuits imprimés. Les transistors sont fixés sur une plaque et reliés entre eux par des filaments soudés. La taille des ordinateurs diminue, leurs performances s'accroissent.

Des «puces» incroyables

L'Américain Gilbert Hyatt perfectionne encore le circuit imprimé en le miniaturisant à l'extrême. Les transistors et les fils qui les relient sont désormais invisibles à l'œil nu. Ils sont imprimés sur des supports si minuscules qu'on donne le nom de « puces » à ces microprocesseurs. Les milliards d'informations qui tenaient place dans de gros ordinateurs tiennent maintenant dans des puces pas plus grandes qu'un ongle.

La calculette se glisse dans la poche

L'une des premières applications de la puce est la calculette. Elle est inventée en 1972. Cette année-là, le président d'une grande firme américaine d'informatique demande à ses ingénieurs de fabriquer une calculatrice capable de tenir dans la poche de sa chemise. Quelques mois plus tard apparaît la première calculette. Munie d'un microprocesseur et d'un écran à cristaux liquides sur lequel s'inscrivent

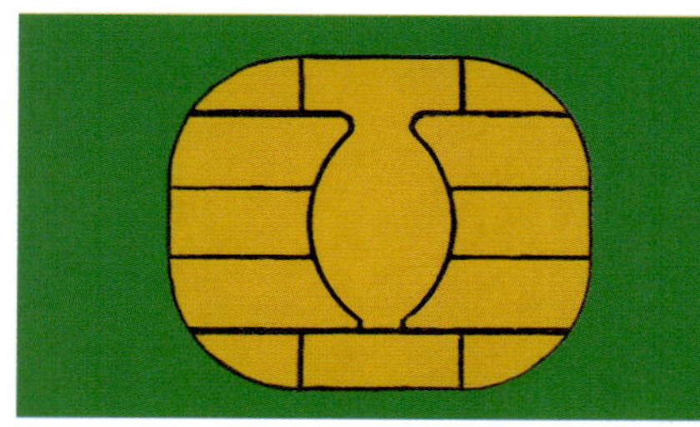

Le microprocesseur, aussi appelé « puce », peut contenir des milliards d'informations.

jeux et des souris

Le premier micro-ordinateur moderne apparaît en 1983. Il possède un écran, un clavier, une souris et une unité centrale. Il est possible de lui adjoindre une imprimante.

les chiffres, c'est très vite un succès mondial.

Les jeux : de la télévision à l'ordinateur

Le premier jeu vidéo est réalisé en 1961 par l'Américain Steve Russell. Mais celui-ci ne connaît aucun succès. Dix ans plus tard, l'Américain Nelson Bushnell met au point un jeu de tennis. Dans les années 1970, des consoles permettent de jouer sur des écrans de télévision. Dans les années 1980, grâce aux microprocesseurs, les consoles de jeux individuelles à piles voient le jour. Dans les années 1990, de puissants logiciels de jeux sont mis au point. Les images sont de plus en plus détaillées avec des animations de plus en plus pointues.

La souris trotte sur le bureau

Au début, les ordinateurs se commandent uniquement à partir des touches du clavier. Dès 1964, l'Américain Douglas Engelbart cherche un moyen plus simple et plus rapide, il invente la première souris. Elle est en bois et possède deux roulettes. En 1983, une souris identique à celle que nous connaissons équipe tous les ordinateurs.

Des programmes variés

À partir des années 1980, les ordinateurs sont capables d'exécuter des tâches de plus en plus variées et de plus en plus complexes grâce à des programmes appelés logiciels. On peut les utiliser pour copier des textes, dessiner, retoucher des images, monter des films... Depuis le milieu des années 1990, ils peuvent lire des disques laser, des CD-Rom et des DVD.

Les premiers jeux vidéo apparaissent dans les années 1970. Il sont très simples et uniquement en noir et blanc. Peu à peu, les animations sont de plus en plus précises et complexes.

Internet relie les ordinateurs

Au début des années 2000, plus de 500 millions d'ordinateurs sont connectés à Internet. Ce réseau mondial permet à tout moment de dialoguer et d'accéder à un nombre incalculable d'informations. Internet révolutionne le domaine de la communication.

Protéger les informations de l'armée américaine

L'aventure de l'Internet commence en 1957 lorsque les Soviétiques lancent le satellite *Spoutnik*. Le président des États-Unis, Dwight Eisenhower, craint alors des attaques lancées depuis l'espace. Il demande que les ordinateurs de l'armée américaine soient mieux protégés. En 1962, un psychologue lui propose une solution originale : plutôt que de placer ces ordinateurs dans un seul endroit, il conseille de les installer dans des lieux éloignés et de trouver le moyen de les relier entre eux pour que les informations circulent des uns aux autres.
En 1969, quatre universités américaines relient leurs ordinateurs grâce à des lignes téléphoniques.

Le courrier électronique

Le réseau installé entre les universités est prévu pour échanger des informations professionnelles entre les universitaires, mais ceux-ci l'utilisent aussi pour parler de choses qui n'ont rien à voir avec leur travail... En 1972, l'informaticien Ray Tomlinson crée un système d'échange de courriers électroniques, le « E-mail ». Ainsi, il est à la fois possible de transmettre des fichiers professionnels et d'échanger des messages personnels.

Une vaste toile : le réseau

Dans les années 1970, des universités et des entreprises créent leur réseau mais, les ordinateurs n'utilisant pas tous les mêmes programmes, chacun est isolé et ne peut s'échanger des informations. Dans les années 1980, des informaticiens inventent donc un langage commun que chaque ordinateur peut reconnaître. Quelques années plus tard, des ingénieurs suisses créent le web, grâce à de puissants ordinateurs, les serveurs (1), des câbles téléphoniques (2) et des satellites (3), on a accès à des milliards de sites et documents.

Des robots au travail

Sur les chaînes de construction automobile, la plupart des tâches de peinture et d'assemblage de carrosserie sont effectuées par des robots depuis les années 1970.

Au XIVe siècle, avec la mise au point de l'horlogerie, apparaissent des automates. Grâce au développement de l'informatique, ces mécaniques, qui n'étaient que des jouets, deviennent des machines.

Les automates

Les plus anciens automates figurent dans des horloges. Ces personnages articulés effectuent des mouvements au passage d'une heure à une autre. Au XVIIe siècle, la mise au point de ressorts de montre permet la fabrication d'automates plus petits et de jouets.

Des robots qui travaillent

En 1961, des ingénieurs américains passionnés de romans de science-fiction construisent *Unimate n°001*. Ce robot est constitué d'un bras qui saisit des objets et les range dans des cartons. Dans les années 1970, des robots plus perfectionnés remplacent les hommes dans des tâches difficiles et répétitives : souder, ajuster, peindre des éléments de carrosserie de voitures...

Des machines intelligentes

Pour les hommes, c'est un vieux rêve que de construire des machines capables de décider de ce qu'elles doivent faire. Actuellement, les machines exécutent des tâches pour lesquelles elles ont été conçues. Cependant, l'informatique permet des actions étonnantes : comme celles du robot capable d'aspirer seul la poussière, qui possède des capteurs et des programmes pour détecter les obstacles et les contourner !

Sojourner est un petit robot long de 65 cm et haut de 30 cm. Équipé d'un ordinateur de bord et de caméras, il a roulé sur le sol de Mars en 1997 et a pris plus de 500 photos.

Pour se nourrir, l'hom

Pendant des milliers d'années, l'homme se nourrit des plantes qu'il cueille et des animaux qu'il chasse. Aux environs de 10 000 ans av. J.-C., au Proche-Orient, il devient agriculteur.

Des graines tombées au sol se mettent à germer...

Un jour, des hommes découvrent que des graines tombées sur le sol germent et donnent naissance à une nouvelle plante. Ainsi serait apparue l'agriculture. Elle change considérablement la vie des hommes. Les tribus cessent de suivre les troupeaux d'animaux sauvages pour se nourrir. Elles construisent des villages, font des plantations et commencent à élever des animaux : moutons, chèvres, porcs et vaches qui fournissent de la viande, du lait, des peaux et de la laine.

Trouver les bons outils

Pour travailler la terre, les hommes inventent de nouveaux outils. Avec le bâton à fouir (1), ils creusent un trou dans lequel ils déposent la graine qui est ainsi protégée des oiseaux et du vent. Avec le pic (2), une pointe attachée à un manche, ils brisent les mottes de terre.

Ils fauchent le blé et l'orge avec une faucille (3), une lame de silex emmanchée. Ils écrasent le grain avec une meule (4) constituée de deux pierres : le pilon et le mortier.

L'araire et la charrue

Vers 4 000 ans av. J.-C., la population s'accroît. Les Mésopotamiens doivent cultiver de plus grandes surfaces. Ils transforment

L'araire retourne la terre grâce à une pointe en bois, plus tard, elle est remplacée par la charrue à pointe de métal.

ne cultive la terre

Chadouf.

Vis d'Archimède.

alors leurs pics en araires, qu'ils tirent eux-mêmes ou qu'ils font tirer par des bœufs. Ils sèment les graines dans le sillon qui a été dessiné et, pour mieux les enfouir, font piétiner la terre par les animaux. C'est vers l'an mille que la charrue remplace l'araire, un soc* pointu en fer pénètre dans la terre et soulève mieux les mottes de chaque côté de la charrue. Le sol est mieux aéré, les récoltes s'améliorent.

Irriguer les champs

Quand les fleuves débordent, les eaux détruisent les cultures. Quand la chaleur est trop forte, les plantes meurent. Aux environs de 4000 av. J.-C., les Mésopotamiens et les Égyptiens édifient des barrages, creusent des canaux et des réservoirs. Pour puiser l'eau, ils inventent le chadouf, un ingénieux balancier qui élève sans effort une outre emplie d'eau. Un peu plus tard, en Chine et au Pérou, les agriculteurs aménagent des champs à flanc de montagne. Pour retenir l'eau et la terre, ils bâtissent des milliers de kilomètres de murets de pierre. Au IIIe siècle av. J.-C., le mathématicien grec Archimède invente la vis sans fin ; grâce à ses spirales, elle permet de faire monter l'eau du fleuve vers des canaux d'irrigation.

La herse

Certaines terres sont dures à labourer. Avant de passer l'araire ou la charrue, l'agriculteur brise les mottes avec une herse tirée par des animaux. Inventée autour du VIIIe siècle, elle est constituée d'un gros buisson d'aubépines avec de dures épines. Deux siècles plus tard, de grosses pointes en bois plantées sur un cadre remplacent ces buissons.

La herse utilisée au Moyen Âge.

Les machines arrivent

Le semoir permet de gagner du temps, d'économiser la semence et de former des rangées de plantes bien délimitées.

À partir du XVIIIe siècle, de plus en plus de cultivateurs partent travailler dans les usines en plein développement. L'agriculture se sert alors des machines pour aider les hommes qui restent.

Le semoir, une brouette à trous

Quand ils ont labouré avec l'araire puis la charrue, les agriculteurs sèment en jetant les graines. Cette pratique comporte deux défauts : les graines ne tombent pas toutes dans les sillons et ne se répartissent pas de manière régulière. Au Ier siècle av. J.-C., les Chinois inventent la brouette à semailles. On la fait passer au-dessus du sillon, et le grain tombe par un petit tuyau. Ce semoir n'est hélas pas connu en Europe.

Un semoir inspiré des tuyaux d'orgue !

En 1701, le Britannique Jethro Tull réinvente et perfectionne le semoir chinois sans le savoir. Agriculteur mais aussi joueur d'orgue, c'est en regardant les tuyaux de son instrument qu'il imagine sa machine. Poussée à la main puis tirée par un cheval, elle trace deux sillons dans la terre fraîchement labourée. Régulièrement, deux clapets ouvrent les tuyaux par lesquels les grains tombent dans les sillons.

La moissonneuse : des Gaulois aux Américains

Très habiles forgerons, les Gaulois, au Ier siècle ap. J.-C., construisent des moissonneuses à roues munies de lames aiguisées qui coupent les tiges de blé. Poussées par des chevaux ou des bœufs, ces machines se révèlent peu efficaces car, en marchant, les animaux piétinent et abîment la récolte. Au Moyen Âge, cette invention est oubliée. Les agriculteurs fauchent toujours avec des faucilles en fer puis, à partir du XVIIIe siècle, avec des faux à grande lame. En 1851, aux États-Unis, Cyrus Mac Cornick présente une

La moissonneuse gauloise.

dans les champs

La batteuse à vapeur effectue un des travaux agricoles les plus pénibles.

moissonneuse tirée par des chevaux qui coupe les tiges et les lie en gerbes.

La batteuse effectue le travail le plus pénible
Le battage, qui consiste à séparer les grains de l'épi, est longtemps effectué à la main avec des fléaux. C'est une tâche très pénible. En 1763, l'Écossais Andrew Meikle met au point une batteuse mécanique. L'épi passe entre des rouleaux. Le frottement libère les grains. La paille tombe d'un côté, les grains de l'autre. La batteuse est entraînée par une grande roue que des chevaux font tourner puis, à partir de 1850, par une machine à vapeur. C'est une vraie révolution : avec un fléau, un homme battait 250 kg de blé dans une journée. Entraînée par un cheval, la batteuse en bat 7 000 et, par une machine à vapeur, elle en bat 25 000 ! Depuis les années 1930, les moissonneuses-batteuses coupent les tiges et battent aussitôt les épis.

La faucheuse-lieuse

Le tracteur
Les premiers tracteurs apparaissent aux États-Unis vers 1860. Munis d'une machine à vapeur, ils sont trop lourds pour rouler dans les champs, mais leur puissance leur permet de tirer les charrues grâce à un système de câbles. À partir de 1880, apparaissent des modèles à moteur. Après la Seconde Guerre mondiale, les tracteurs remplacent les chevaux. Aujourd'hui, leurs cabines sont même insonorisées et climatisées.

La science et

L'usage des engrais et des pesticides chimiques est aujourd'hui réglementé.

Dès le XVIIe siècle, des savants cherchent comment augmenter la production agricole en utilisant des engrais, en protégeant les cultures contre les insectes et en sélectionnant les animaux.

La terre doit se reposer

Au Moyen Âge, les agriculteurs n'emploient pas d'engrais. Pour conserver de belles récoltes, ils pratiquent la jachère. Chaque année, une partie de leurs champs n'est pas ensemencée afin de laisser le sol se reposer.

Des engrais dans les égouts

En 1669, à Londres, le chimiste britannique John Woodward se livre à une expérience étonnante : il sème des graines dans de la boue récupérée à la sortie des égouts de la ville ! Il constate que plus ces boues contiennent des excréments, mieux les plantes se développent. Le savant recommande aux agriculteurs d'enrichir leur terre avec le fumier des animaux. Il redécouvre ainsi ce que les Mésopotamiens faisaient 3 000 ans av. J.-C. et qui avait complètement été oublié. Cet engrais naturel améliore les récoltes. Les agriculteurs ont donc davantage de fourrage à donner à leur bétail qui grossit et fournit plus d'engrais.

Les engrais chimiques

En 1845, le chimiste allemand Justus von Liebig montre que le fumier favorise le développement des plantes grâce au phosphore, à l'azote et à la potasse qu'il contient. Aussitôt, des engrais sont fabriqués à partir de ces éléments. Au XXe siècle, ces engrais chimiques sont répandus dans les champs en grande quantité.

Lutter contre les insectes

La plupart des insectes se nourrissent avec la feuille ou avec la graine des plantes. Pour protéger leurs récoltes, les agriculteurs chinois, au Ier siècle av. J.-C., enfument les greniers à grains pour tuer les larves. Ils découvrent aussi une espèce de fourmi carnivore qui dévore les insectes responsables des ravages dans les plantations de mandariniers.

Pesticides chimiques

En Europe, jusqu'au XVIIIe siècle, on ignore comment détruire les insectes. En France, en 1763, les vignerons sont les premiers à employer des feuilles de tabac broyées puis du cuivre en poudre pour se débarrasser du phylloxera,

'agriculture

Au début des années 1990, des scientifiques mettent au point les OGM.

un puceron qui dévaste leurs vignes. Après diverses expériences, apparaissent de nouveaux produits à base d'hydrogène, de plomb, de pétrole... En 1940, est mis au point le DDT, un insecticide si puissant et si dangereux pour la santé humaine qu'il est interdit en 1972.

Des animaux et des plantes sélectionnés

Dès l'Antiquité, les éleveurs font se reproduire entre eux les animaux les plus gros et les plus vigoureux. De même, les agriculteurs trient les graines pour ne replanter que les plus belles. Ces sélections transforment les espèces. Au fil du temps, les plantes cultivées et les animaux domestiqués ressemblent de moins en moins à leurs ancêtres sauvages.

Les clones

En 1997, en Écosse, l'équipe de Ian Wilmut fait naître Dolly. Cette brebis a été clonée à partir d'une cellule prélevée dans la mamelle d'une brebis adulte. Les deux animaux se ressemblent comme s'ils étaient de vrais jumeaux. Le clonage permet d'obtenir par une manipulation artificielle et, autant de fois qu'on le souhaite, des animaux retenus pour la qualité de leur viande, de leur lait ou la rapidité de leur croissance. Le clonage reste actuellement une pratique expérimentale.

Les OGM

Les organismes génétiquement modifiés (OGM) apparaissent au début des années 1990. Ils ont été transformés en laboratoire en vue d'être améliorés. Le maïs OGM est ainsi capable de résister à des insectes qui auparavant le détruisaient. Des fruits ou des légumes peuvent être modifiés pour pousser plus vite, résister à certaines températures ou des maladies. Mais personne ne peut dire actuellement les conséquences que pourra avoir cette modification de la nature sur l'homme et sa santé.

Dolly est le premier être vivant né par clonage. Cette brebis a vécu 6 ans.

Du feu de bois au

Sous l'effet de la chaleur, les aliments libèrent des saveurs agréables. Cuits, les légumes et les viandes deviennent aussi plus faciles à digérer. L'homme, devenu maître du feu, commence donc à cuire sa nourriture.

Cuisiner à la préhistoire

Les hommes préhistoriques font rôtir la viande à la broche au-dessus des braises (1), cuisent les poissons enveloppés dans des feuilles (2) recouvertes de cendres chaudes ou font bouillir les légumes dans des outres de peau remplies d'eau (3), qu'ils chauffent grâce à des pierres brûlantes déposées au fond de ces outres en cuir.

Le four en brique

Il apparaît en Égypte et en Mésopotamie environ 2 000 ans av. J.-C. La chaleur enfermée dans le four est plus forte et monte plus vite, la nourriture placée auprès de la flamme cuit plus rapidement.

Cuisiner tout en chauffant la maison

Jusqu'au milieu du XIXe siècle, on prépare la cuisine dans des cheminées qui réchauffent aussi les maisons. Celles-ci chauffent assez mal et consomment beaucoup de bois. Vers 1845, le Français Jean-Baptiste Godin profite de la production de fonte pour fabriquer un poêle.

Four utilisé dans l'Égypte ancienne.

four moderne

Le poêle en fonte est perfectionné pour donner naissance à la cuisinière fonctionnant au bois ou au charbon.

Cette cocotte de 1930, inspirée de la marmite de Denis Papin, est perfectionnée dans les années 1950 et se répand aussitôt.

Le feu est enfermé et alimenté avec du charbon qui dégage davantage de chaleur que le bois. Peu après, il met au point le fourneau de cuisinière qui comprend un four dans lequel on fait cuire les rôtis et les gâteaux. À la fin du XIXe siècle apparaissent les cuisinières à gaz et électriques.

Le micro-ondes : une découverte due au hasard

L'effet chauffant des micro-ondes a été découvert par l'Américain Percy Spencer. En procédant à des expériences sur les radars et les micro-ondes, il se rend compte que la barre de chocolat qu'il a dans sa poche est en train de fondre. Il cherche l'explication à ce phénomène et expose des grains de maïs au contact de ces ondes. En quelques secondes, le pop-corn éclate. Les micro-ondes ont fait tourner sur elles-mêmes les molécules d'eau que les grains de maïs contiennent. En se frottant les unes contres les autres, les molécules se sont échauffées. Les premiers fours à micro-ondes sont chers et encombrants. À partir de 1970, des modèles plus petits et plus abordables apparaissent.

La Cocotte-Minute

Denis Papin invente cette marmite en 1680. L'eau chauffée se transforme en vapeur qui, empêchée de s'échapper, cuit les aliments plus rapidement. Hélas, la chaleur est si forte qu'elle détruit le goût des aliments. En 1954, cette marmite est améliorée. Grâce à une soupape, une partie de la vapeur s'échappe. Les aliments cuisent vite (d'où le nom de cocotte minute) et conservent leur saveur.

La sécurité de l'induction

La table à induction apparue au début des années 1990 permet de cuire les aliments sans risquer de se brûler. Le champ électromagnétique qu'elle produit chauffe le fond de la casserole mais la plaque elle-même reste froide.

Conserver

Les viandes, les poissons, les fruits et les légumes frais s'abîment rapidement. Dès la préhistoire, les hommes ont cherché les moyens de faire des provisions et de conserver les aliments en prévision des jours où la nourriture était rare.

Une question d'expérience

Selon les climats sous lesquels ils vivent, les hommes préhistoriques font des découvertes. Dans les régions froides, ils se rendent comptent que la viande enfouie sous la neige ou la glace se conserve plus longtemps et ne les rend pas malades. Dans les régions chaudes, ils découvrent que l'on peut faire sécher la viande, les poissons et les légumes pour les conserver sans qu'ils pourrissent. Le feu permet aussi de fumer les poissons. En Égypte et en Chine, on utilise les bienfaits du sel qui préserve les aliments d'une saison à l'autre.

La glace des Romains

Pendant l'Antiquité, les Romains, qui ont compris que la glace conservait les aliments, font venir des blocs de glace des montagnes en hiver et les tiennent soigneusement au frais dans des caves jusqu'à l'été.

La glace artificielle

Au XVIIe siècle, les physiciens font une étonnante découverte : certains liquides tels que l'éther et l'ammoniac s'évaporent à très basse température, c'est-à-dire

Un bloc de glace devait être placé régulièrement dans les glacières en bois.

les aliments

Les réfrigérateurs électriques dans les années 1930.

Nicolas Appert est l'inventeur des conserves stérilisées.

qu'ils passent de l'état liquide à l'état de gaz. Et, en s'évaporant, ces liquides produisent du froid. À partir de 1870, on utilise ces propriétés pour fabriquer des blocs de glace qui refroidissent des meubles en bois : les glacières.

Réfrigérateur et congélateur à la maison

En 1913, les premiers réfrigérateurs domestiques sont fabriqués aux États-Unis. Un tuyau fait circuler un liquide réfrigérant dans les parois de l'armoire. La température demeure toujours comprise entre 3 et 8 °C. Dans les années 1950, sont élaborés les premiers congélateurs familiaux dans lesquels la température descend jusqu'à - 18 °C.

Un Français met les petits pois en boîte

Nicolas Appert, confiseur à Paris, est convaincu qu'en chauffant les aliments à plus de 100 °C, il pourra mieux les conserver. Il remplit une bouteille de champagne vide (aux parois épaisses) avec des petits pois. Il la bouche bien et la plonge quelques minutes dans l'eau bouillante. Quand il ouvre la bouteille quelques jours plus tard, les petits pois sont toujours aussi bons et n'ont pas moisi. Peu après, on remplace les bouteilles par des boîtes en fer blanc. Toutes sortes d'aliments sont alors mis en conserve.

La chasse aux bactéries

En découvrant les bactéries, ces organismes minuscules qui rendent au bout de quelques jours les aliments impropres à la consommation, Louis Pasteur explique les phénomènes de conservation. Quand on chauffe les boîtes à plus de 120 °C, on tue les bactéries, les aliments sont alors stérilisés. Dans le réfrigérateur, les basses températures ralentissent le développement des bactéries, dans le congélateur, elles empêchent leur prolifération.

Mesurer le

Le gnomon est un simple bâton qu'on plante en terre. Le cadran solaire, ci-dessus, plus précis, est installé sur des édifices. Les deux indiquent l'heure grâce au déplacement du soleil au cours de la journée.

Le gnomon et le cadran solaire

Aux environs de 3000 av. J.-C., à Sumer et en Égypte, on mesure l'ombre à l'aide d'un bâton, appelé gnomon, qu'on porte avec soi. Autour de 1500 av. J.-C., ces bâtons sont fixés sur des murs orientés vers le sud, ils donnent naissance aux cadrans solaires. Sur ces cadrans, les heures sont marquées par des traits.

Les clepsydres

Ces récipients apparaissent en Égypte aux environs de 1500 av. J.-C. Un trou

La clepsydre permet de mesurer le temps qui passe mais ne donne pas l'heure.

Pour repérer les différents moments d'une journée, l'homme se fie au soleil et utilise l'ombre de son corps. Puis il emploie des horloges à eau, à l'origine des horloges plus perfectionnées.

« Venez manger quand l'ombre sera de 12 pieds »

Le matin et le soir, le soleil est bas sur l'horizon : les ombres sont longues.

À midi, le soleil est au plus haut point dans le ciel. L'ombre est très courte, voire inexistante. En observant son ombre et en évaluant sa longueur, l'homme se repère dans la journée. Ainsi, Ménandre, un auteur grec du IVe siècle av. J.-C., donne-t-il rendez-vous à ses invités pour dîner « lorsque l'ombre sera de 12 pieds », soit dans la soirée.

temps précisément

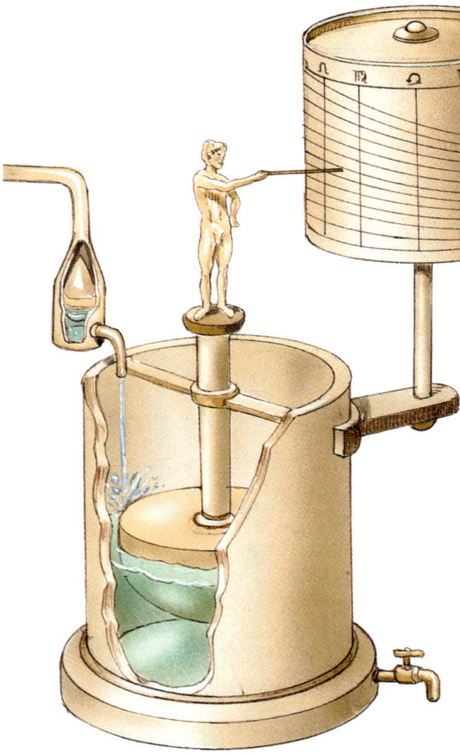

Horloge à eau grecque. En emplissant le réservoir, l'eau fait monter doucement le flotteur et la statuette qui se trouve dessus. Celle-ci indique le temps sur un cylindre gravé.

pratiqué à la base d'un vase laisse s'écouler de l'eau. En changeant, le niveau de l'eau suit des graduations qui renseignent sur le temps qui passe. La clepsydre a l'avantage d'être utile même la nuit et les jours sans soleil, cependant, elle n'indique pas une heure précise mais une durée.

Première horloge à engrenages

Au IIIe siècle av. J.-C., les Grecs transforment la clepsydre. Ils emploient la force de l'eau qui tombe pour entraîner des engrenages. Ceux-ci font tourner un disque qui marque les heures. Ainsi, les hommes possèdent le premier instrument qui indique l'heure en permanence.
Il reste un handicap : quand l'eau gèle, l'horloge s'arrête.

Un mouvement mécanique

Vers 1000, le moine français Gerbert d'Aurillac imagine d'entraîner le mécanisme de l'horloge avec un poids suspendu à une corde. Sous l'effet de sa force, celui-ci fait tourner une roue dentée. Pour ne pas que l'horloge s'arrête, on remonte le poids avant que toute la corde soit dévidée. Cette horloge est un immense progrès mais, hélas, elle n'est pas précise. Il faut attendre, en 1656, l'invention du balancier qui régule le mouvement du mécanisme à quelques secondes près.

L'heure dans la poche

En 1675, Christian Huygens met au point le ressort à spirale qu'on remonte. Cette invention permet de fabriquer des montres de plus en plus petites qui se glissent dans la poche puis s'attachent au poignet. Dans les années 1960, le ressort est remplacé par un morceau de quartz qui, sous l'effet de l'électricité d'une pile, produit un mouvement régulier : inutile de remonter sa montre, elle est toujours à l'heure.

Grâce au balancier (1) qui régule la chute du poids (2), l'horloge devient précise à quelques secondes près.

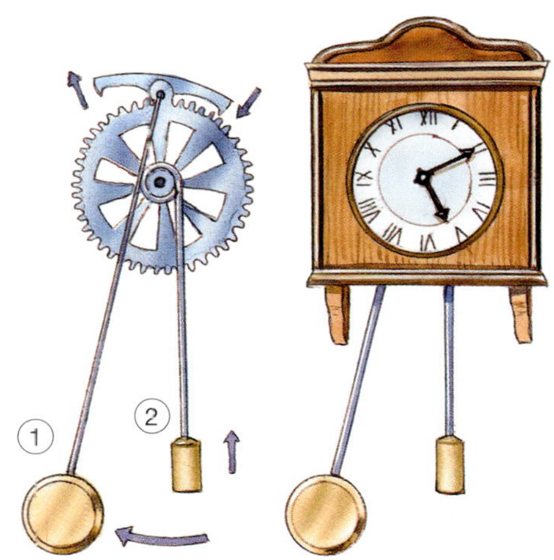

Mesurer les poids,

Des ouvriers égyptiens et leurs outils.

Quand les hommes deviennent agriculteurs, ils ont besoin de mesurer la surface des champs, la quantité de grains récoltés… Ils emploient alors des repères, mais ceux-ci diffèrent d'une région à l'autre.

Mesurer à l'aide du corps

Pour mesurer des longueurs, différentes parties du corps humain servent de repères. On peut donc compter en pouces (env. 2,54 cm), en pieds (env. 30,5 cm), ou en coudes (env. 45 cm). Mais ces mesures sont imprécises puisqu'elles peuvent varier selon la taille des personnes et les pays.

La règle égyptienne

En Égypte, les scribes et les architectes emploient des règles en bois graduées avec de petites entailles. L'unité est la coudée royale, longue de 52,4 cm. Ainsi, à l'intérieur du royaume des pharaons, où l'administration contrôle tout, les mesures de longueur sont identiques.

Des poids plus ou moins légers

Les plus anciennes balances sont égyptiennes. Elles datent d'au moins 4000 av. J.-C. Elles sont constituées de deux plateaux. Dans l'un est posé l'objet à peser, dans l'autre un poids en pierre ou en cuivre. L'unité de mesure choisie est le deben qui vaut 90 grammes. Hélas, à force de les utiliser, les poids s'usent et s'allègent. Les pesées ne sont plus très justes.

Fixer un repère universel

Tous les peuples de l'Antiquité jusqu'à la Renaissance ont ce souci d'établir un système de mesure qui soit reconnu et accepté par tous. De nombreuses idées sont données. Au Moyen Âge, on imagine de fixer les longueurs à partir de celle du pied du Christ !

Voici certainement l'une des plus anciennes règles que l'on connaisse. Elle est employée dans l'Égypte ancienne et mesure la coudée royale : 52,4 cm.

les longueurs...

Balance utilisée dans l'Antiquité et au Moyen Âge

Balance de Roberval.

Balance semi-automatique.

Mais qui peut dire quelle était sa longueur ? En 1670, le prêtre français Gabriel Mouton propose de fixer l'unité de mesure à partir de la longueur de la circonférence de la Terre. Son idée n'intéresse personne, elle est oubliée.

La Révolution française impose le mètre

En 1792, la France est en pleine Révolution. Chaque région a son unité de mesure. On en compte plus de 700 ! Plusieurs grands savants reprennent le projet de Gabriel Mouton et décident d'appeler la nouvelle mesure le mètre. Le mètre mesurera exactement 40 millions de fois moins que le tour de la Terre en passant par les pôles. Des savants sont chargés de déterminer cette nouvelle longueur. Ils travaillent durant 7 ans et le mètre devient l'unité de mesure légale en France en 1799, aux Pays-Bas en 1816 et en Espagne en 1849. Aujourd'hui, des pays comme la Grande-Bretagne et les États-Unis demeurent fidèles à leur système et n'ont pas adopté le mètre.

La balance égyptienne sert à mesurer de petites masses, des métaux précieux par exemple. En 1670, le mécanisme de la balance de Roberval permet des pesées plus précises. À partir de 1920, la balance semi-automatique affiche le poids grâce à une aiguille qui se déplace sur un cadran gradué.

Tout un système

À partir de l'unité du mètre, vont être mises au point les autres unités : le litre, le kilogramme...

Au début du XIXe siècle, on explique aux Français les nouvelles unités de mesure : le litre est la quantité de liquide contenue dans un cube de 10 cm de côté. Le kilogramme représente la masse du litre d'eau.

Pour mieux voir

Les verres correcteurs apparaissent au XIIIe siècle en Europe. On les emploie d'abord comme une loupe, puis on les assemble par deux. Autour de 1750, on leur ajoute des branches pour les faire tenir sur les oreilles.

En regardant à travers une goutte d'eau, un effet loupe se produit. C'est cette observation qui a permis de fabriquer les lunettes de vue, les télescopes et les microscopes.

Les Grecs observent la rosée

À travers une goutte d'eau posée sur une feuille, les nervures de cette feuille apparaissent plus grosses. Les Grecs remarquent ce phénomène 400 ans av. J.-C. À cause de sa forme bombée, la goutte d'eau dévie les rayons de la lumière. Pour l'œil, l'objet regardé à travers la goutte apparaît plus gros.

Les premières loupes

Il semble que, dès l'Antiquité, on a recréé cet effet grossissant en taillant des morceaux de verre ou de pierre transparents, comme le quartz ou le béryl.

Les bésicles

Au XIIIe siècle, le savant italien Salvino degli Armati taille des verres convexes, c'est-à-dire bombés, qui sont utilisés pour corriger la vue des personnes qui voient mal de près, les presbytes.

Les premiers à s'en servir sont les moines copistes qui s'usent les yeux à copier des livres à la main. Comme ces verres sont taillés dans du béryl, on les appelle les bésicles. Deux siècles plus tard, apparaissent des verres concaves (en creux),

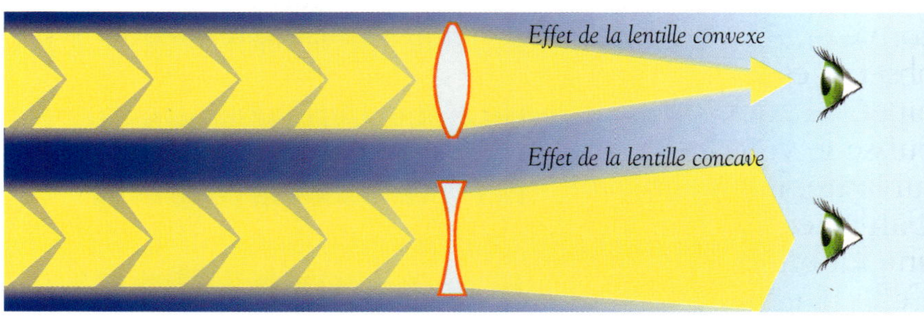

de loin ou de près

En 1609, grâce à sa lunette astronomique, Galilée observe la Lune.

qui permettent de corriger la vue de ceux qui voient mal de loin, les myopes.

La lunette pour voir infiniment loin

En 1608, le fabricant hollandais de bésicles Hans Lippershey place dans un tube deux verres, ou lentilles, l'une de forme concave et l'autre de forme convexe. Ainsi, l'objet observé est rapproché puis rapetissé pour que l'œil puisse le voir. Dès l'année suivante, le savant italien Galilée construit à son tour une lunette astronomique. Celle-ci est suffisamment puissante pour lui permettre d'observer la surface de la Lune.

Le microscope pour voir infiniment petit

Dès 1610, un autre fabricant de lunettes hollandais, Hans Jansen, place deux lentilles convexes à l'intérieur d'un tube. Chaque lentille grossit l'image. Ce premier microscope permet de découvrir que des insectes tels que les poux ont des pattes, une tête... De perfectionnement en perfectionnement, le microscope réussit à grossir jusqu'à 2 000 fois. C'est un maximum.

Le microscope électronique grossit 1 million de fois

Pour atteindre ces performances incroyables, les microscopes électroniques n'utilisent plus la lumière mais des électrons. L'image n'apparaît plus au travers d'une lentille mais sur un écran de télévision. Le premier microscope électronique est mis au point en 1931 par les Allemands Max Knoll et Ernst Ruska. Aujourd'hui, il grossit jusqu'à 1 million de fois !

Un pou vu au microscope électronique.

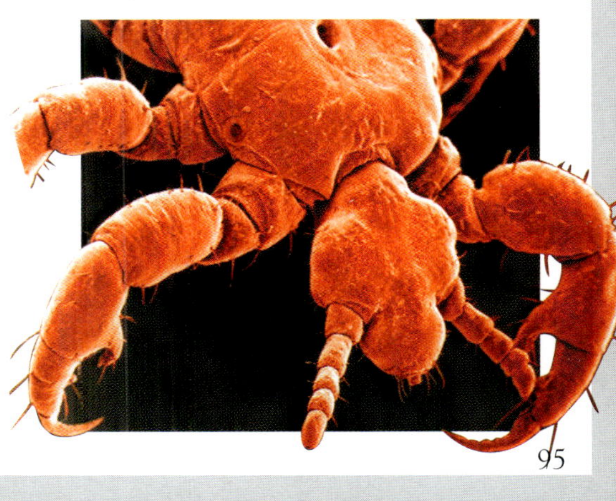

L'argent rend le

Les monnaies les plus anciennes furent certainement employées dans le royaume de Crésus (actuelle Turquie).

Les cauris, des coquillages, employés comme monnaie.

Les pièces de monnaie apparaissent au VIe siècle av. J.-C. Elles facilitent considérablement les échanges. Le troc, qui se pratiquait jusqu'alors, disparaît.

Le troc

Dans toutes les civilisations de l'Antiquité, la monnaie est inconnue : on pratique des échanges entre ce que l'on possède et ce que l'on souhaite acquérir. En Mésopotamie, aux environs de 1700 av. J.-C., on fixe le prix des marchandises par rapport à un poids d'argent. Un porc vaut ainsi un sicle, soit 16,82 grammes d'argent, et un mouton vaut deux sicles ou encore deux porcs. Les acheteurs ne donnent pas de pièces, celles-ci n'existent pas encore.

Un métal précieux au pays du roi Crésus

C'est bien dans le royaume de Crésus, le très riche roi de Lydie, une région de l'actuelle Turquie, que les premières pièces de monnaie apparaissent aux environs de 600 av. J.-C. En forme de jetons, elles sont fabriquées avec de l'électrum, un alliage naturel d'or et d'argent qui se trouve en grande quantité dans le lit du fleuve Pactole. Très vite, cette monnaie séduit les marchands grecs, phéniciens, crétois... Plus besoin d'accepter des tissus en échange de poteries, on paie avec de l'argent. C'est beaucoup plus simple et plus facile à transporter !

Or, argent, cauris et fèves de cacao

Les pièces sont frappées avec les métaux les plus rares et donc les plus précieux. L'or, qui a de loin le plus de valeur, l'argent, le cuivre... On cherche dans la terre des gisements de métaux précieux. Le moyen d'échange n'est pas le même partout ; en Afrique noire, on paie avec des cauris, un coquillage précieux. Au Mexique, les Aztèques règlent leurs achats avec des fèves de cacao, qui ont alors une grande valeur. Un lapin vaut 10 fèves !

Le chèque

Les ancêtres des chèques sont les lettres de créance qui apparaissent en Chine aux environs du VIIIe siècle. À cette époque, le cuivre avec lequel on fabrique les pièces est de plus en plus

commerce plus facile

Dans l'Europe du Moyen Âge, les pièces de monnaie sont frappées, elles sont marquées du profil d'un souverain ou de son symbole.

rare. Les riches marchands déposent alors leurs pièces dans les caisses de l'empereur qui, en échange, leur remet des bons qu'on appelle également « monnaie volante ». Pour payer, l'acheteur donne un ou plusieurs de ces bons.

Les billets de banque
Les plus anciens sont chinois et datent du XIe siècle. Rien d'étonnant qu'ils proviennent de ce pays qui a déjà inventé le papier et l'imprimerie. Ces billets qui portent la marque de l'empereur remplacent la monnaie volante. Ils peuvent à tout moment être changés contre des pièces. L'Europe adopte cette monnaie papier à partir du XVIIe siècle. Mais, pendant très longtemps, les gens leur préfèrent les pièces en métal.

Chèques et cartes à puce
Sous leur forme actuelle de formulaires à remplir et à signer, les chèques apparaissent dans les années 1950. Ils évitent d'emporter de grosses sommes d'argent avec soi. Depuis le début des années 1980, les chèques sont de moins en moins utilisés au profit de la carte bancaire à puce. Son microprocesseur extra-plat (voir p. 76), inventé en 1974 par le Français Roland Moreno, transmet et enregistre de nombreuses informations : nom de la banque, numéro de compte, date et heure d'utilisation, montant de la dépense et surtout montant de l'argent disponible. Cette carte n'autorise ainsi le paiement que si l'on dispose bien de la somme que l'on s'apprête à dépenser.

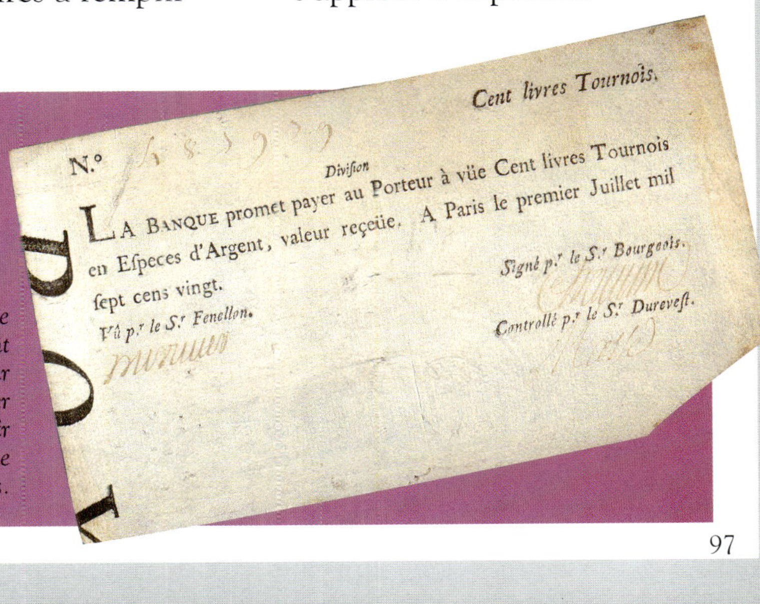
Cent livres Tournois.
N.° 485909
Division
LA BANQUE promet payer au Porteur à vüe Cent livres Tournois en Especes d'Argent, valeur reçeüe. A Paris le premier Juillet mil sept cens vingt.
Vû p.r le S.r Fenellon.
Signé p.r le S.r Bourgeois.
Controllé p.r le S.r Durevest.

Un billet de 1720 indiquant que le porteur de ce papier peut recevoir la somme de 100 livres.

Le feu donne la

*L'*homo erectus *découvre comment faire naître le feu puis l'homme apprend à le conserver grâce à de la graisse animale.*

En domestiquant le feu, l'homme préhistorique peut s'éclairer la nuit. Jusqu'à l'invention de l'ampoule électrique, la flamme est sa seule source de lumière.

Il y a 400 000 ans, le feu

Le feu existe dans la nature, l'homme préhistorique l'a déjà vu. Mais l'incroyable avancée de l'*Homo erectus* est d'avoir réussi à utiliser cette source de chaleur et de lumière. Les plus anciennes traces de foyers retrouvées datent de 400 000 ans.

Produire le feu

Pour faire naître le feu, l'homme préhistorique enflamme des feuilles et des brindilles sèches, soit en produisant des étincelles avec deux pierres de silex qu'il entrechoque, soit en échauffant deux morceaux de bois qu'il frotte l'un contre l'autre (ci-dessus).

La lampe à huile

Voilà 20 000 ans, sans doute en préparant leur repas, les hommes découvrent que la graisse des animaux, quand elle est sèche, brûle en dégageant de la lumière. Ils déposent alors de la graisse dans des coquillages ou dans des pierres creuses et la font brûler. Les hommes peuvent ainsi s'éclairer ; ils pénètrent dans les grottes et commencent à dessiner.

La chandelle et la bougie

Connues dès l'Antiquité, elles se répandent surtout au Moyen Âge. L'une et l'autre s'inspirent des lampes à huile. Une mèche de lin ou

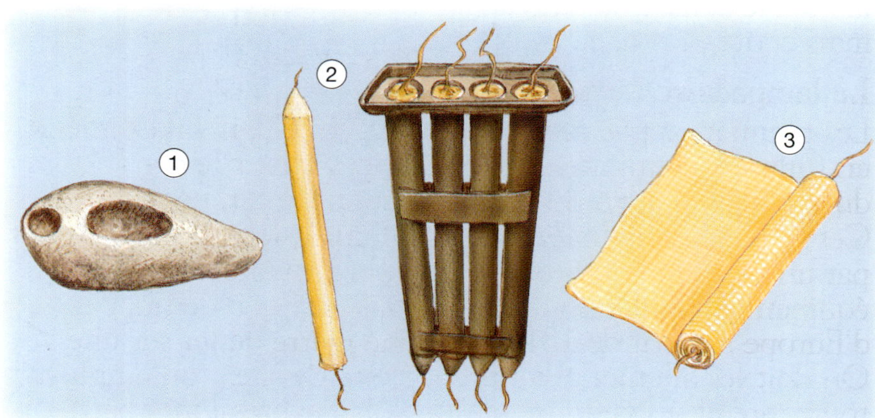

La lampe romaine est un simple réservoir d'huile (1). Des chandelles sont ensuite fabriquées en faisant couler de la graisse dans un moule contenant une mèche (2). Pour réaliser les bougies, on entoure la mèche de feuilles de cire (3).

lumière pour s'éclairer

Au XIXe siècle, on remplace les graisses et les huiles des lampes par du pétrole, qui produit une flamme plus claire.

de chanvre est enrobée dans de la graisse ou de la cire d'abeille. La graisse de porc ou de mouton de la chandelle brûle mal, éclaire peu et dégage beaucoup de fumée. La cire d'abeille de la bougie éclaire davantage mais coûte plus cher.

Le lampadaire à gaz

Les premiers apparaissent en Grande-Bretagne à la fin du XVIIIe siècle (p. 15). Ces lampadaires alimentés par un réseau de tuyaux équipent les grandes villes d'Europe à partir de 1813. On doit les allumer à la nuit tombante et les éteindre au

À partir du XIXe siècle, dans les villes, les lampadaires à gaz remplacent les lanternes à bougie. Des employés sont chargés de les allumer le soir et de les éteindre le matin.

lever du jour. Auparavant, les rues n'étaient éclairées que par quelques lampes à huile.

Les allumettes et le briquet

Jusqu'au milieu du XIXe siècle, il valait mieux ne pas laisser le feu s'éteindre car, pour le rallumer, le seul moyen était d'aller en chercher chez son voisin ou de frapper une pierre de fer sur une pierre de silex, on employait alors l'expression « battre le briquet » ! En 1852, apparaissent les allumettes. Les inventeurs, les frères Lundström, étant suédois, on baptise ces nouvelles bûchettes les allumettes suédoises.

Edison éclaire le monde

En 1878, tout change avec l'invention de la lampe à filament par l'Américain Thomas Edison (voir p. 18). Le filament traversé par le courant électrique produit instantanément de la lumière. En un cinquante ans, l'ampoule électrique supplante tous les autres moyens d'éclairage, à l'extérieur comme à l'intérieur des maisons.

Le tube à néon

Son invention vient directement des études faites sur le tube à vide d'air (voir p. 72). En 1910, le physicien français Georges Claude fait circuler de l'électricité dans un tube rempli d'un gaz appelé néon. Aussitôt, à la grande surprise du savant, ce gaz devient fluorescent et produit une quantité importante de lumière. À partir de 1920, on emploie ce tube pour réaliser des enseignes lumineuses.

De la simple aiguille à

Pour se protéger du froid, les hommes préhistoriques ont pensé à se vêtir de peaux d'animaux puis de tissus qu'ils ont appris à se confectionner.

L'aiguille ou le début des vêtements

C'est aux environs de 17 000 ans av. J.-C. que l'homme ressent la nécessité d'attacher des peaux d'animaux ensemble pour mieux se protéger du froid. Il invente alors l'aiguille en os ou en ivoire et percée d'un chas dans lequel il passe un fil. Celui-ci est vraisemblablement fait avec des crins de chevaux ou avec des tendons de rennes. Il confectionne ainsi des vêtements qui couvrent mieux son corps, des tentes qui l'abritent et des outres comme récipients...

Le feutre, la première étoffe faite de poils

Pour utiliser le cuir des peaux, il est nécessaire d'enlever les poils. Sans doute en effectuant ce travail avec des grattoirs de silex, l'homme préhistorique découvre que ces poils roulés très serrés forment des boules d'étoffe. Avec ce feutre chaud et solide, les Mongols fabriquent toujours la toile de leurs tentes rondes, les yourtes.

Le filage du lin, du chanvre, de la laine et du coton

Environ 7 000 ans av. J.-C., les hommes filent des fibres : celles très longues et très résistantes contenues dans les tiges de plantes comme le lin ou le chanvre,

1) La fileuse étire la boule de laine ou de fibre.
2) Elle enroule le fil sur la fusiole.
3) Elle se sert du fil et de la fusiole comme d'un yoyo pour étirer au maximum le fil et le rendre régulier.

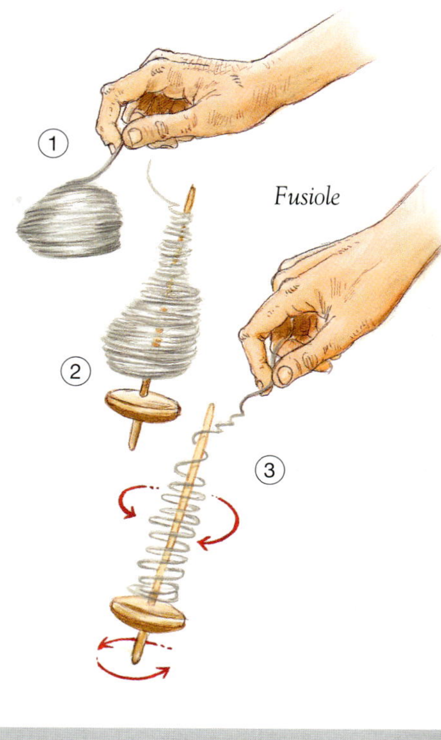

la machine à coudre

Les premiers métiers à tisser inventés par les hommes préhistoriques. Les fils de chaîne sont tendus avec des pierres, le fil de trame est passé à la main et serré à l'aide d'une sorte de peigne.

celles contenues dans les touffes de laine des moutons ou les fibres que donnent les plants de coton. Les fileuses torsadent ces fibres entre leurs doigts pour les lier les unes aux autres et constituer ainsi un très long fil (voir schéma). Celui-ci sert à fabriquer des filets de pêche, des cordages et à tisser des étoffes.

Le tissage : l'art d'entrecroiser les fils

On tisse sur des métiers. Les plus anciens sont horizontaux. Des fils, appelés fils de chaîne, sont posés à plat. On y attache des pierres pour les tendre. Un autre fil, appelé fil de trame, est passé entre les fils de chaîne. À l'aide d'une sorte de peigne, les tisserandes serrent les fils pour que les mailles du textile soient bien serrées. À l'époque égyptienne, on utilise des métiers verticaux. Au Moyen Âge, un système de poulies facilite le travail.

Le fil de soie

Il est fabriqué par un ver à soie, nom que l'on a donné à la chenille du papillon bombyx du mûrier. La femelle pond des œufs qui donnent naissance à des chenilles. Au bout de six semaines, celles-ci sécrètent de la bave qui produit un fil dont elles s'entourent. Ce cocon, dans lequel les chenilles deviennent papillons, comptent une trentaine de couches. Le fil peut mesurer de 400 m à plus d'un kilomètre !

C'est en Chine que l'on découvre le fil de soie dont sont faits les cocons des chenilles du bombyx.

À gauche : un rouet au début du XXe s. Très longtemps, les femmes ont filé la laine à la maison grâce à cet instrument.
À droite : en 1764, le Britannique James Hargreaves donne le nom de sa sœur Jenny à sa machine capable de filer huit fuseaux de coton en même temps.

La légende raconte que, vers 2500 av. J.-C., un cocon serait tombé dans la tasse de thé chaud de l'impératrice Hsi Ling Shi. En voulant le retirer, elle aurait attrapé un bout de fil qui, après avoir trempé dans l'eau chaude, se serait dévidé facilement. Cela aurait donné à l'impératrice l'idée de tisser des étoffes avec ce fil si fin.

Le rouet facilite la tâche des fileuses

Au XIIIe siècle, les fileuses européennes voient arriver d'Inde un instrument qui transforme leur vie : le rouet. Les premiers sont encore très simples : la grande roue qu'on fait tourner à la main entraîne une bobine sur laquelle s'enroule le fil que la fileuse torsade entre ses doigts.

Au XVe siècle, le rouet se perfectionne, on entraîne la roue avec une pédale. Une petite pièce de bois torsade le fil. Le travail est moins pénible, le fil obtenu est plus fin.

La grande révolution mécanique du XVIIIe s.

Avec la colonisation de l'Amérique, de grandes quantités de coton arrivent en Grande-Bretagne. Il permet de fabriquer des tissus chauds, solides et peu coûteux. À condition de pouvoir le filer et le tisser en grande quantité. De nombreux inventeurs mettent au point des machines pour travailler plus vite. En 1753, le Britannique John Kay invente la navette volante qui fait automatiquement passer le fil de trame entre les fils de chaîne. En 1764, James Hargreaves présente la *Spinning Jenny*, une machine mécanique particulièrement rapide actionnée avec une manivelle. Au début du XIXe siècle, les métiers sont entraînés par des machines à vapeur. La production de tissus et de coton augmente à tel point qu'en 1853 le marchand de tissus américain Oscar Levi-Strauss ne parvient pas à vendre un stock important de toile de coton bleue. Il décide alors de tailler des pantalons dans cette

Trois couturières dans leur atelier vers 1890. L'invention de la machine à coudre permet un travail plus soigné et plus rapide.

toile très solide. Ainsi naît le « jean ».

La première machine mécanique programmée
C'est le Français Joseph-Marie Jacquard qui l'invente après des années d'efforts. Par un système de cartons perforés, les fils de différentes couleurs sont sélectionnés pour tisser des motifs. Désormais, la machine n'est plus seulement dirigée par un ouvrier mais par un programme préparé à l'avance.

La machine à coudre entre dans les maisons
Lui-même tailleur de vêtements, le Français Barthélemy Thimonnier cherche comment mécaniser le travail des couturières. En 1830, alors qu'il observe des femmes faisant du crochet, il imagine une aiguille qui traverse les deux morceaux de tissu à coudre ensemble, attrape le fil et le fait passer au-dessus des étoffes en formant une sorte de boucle.
La machine, actionnée par une manivelle, effectue 2 000 points à la minute, soit dix fois plus qu'une couturière expérimentée !
Autour de 1845, l'Américain Elias Howe perfectionne la machine en introduisant un deuxième fil. Les coutures sont plus solides. Produite en grande série par l'Américain Isaac Singer à partir de 1850, la machine à coudre permet d'ouvrir de grands ateliers de confection. Elle offre également à des millions de femmes de coudre elles-mêmes et plus facilement les vêtements de toute la famille.

La machine à coudre produite par la marque Singer à partir des années 1850 possède un pédalier. Son mouvement fait tourner une grande roue qui, grâce à une courroie, actionne le va et vient des aiguilles. La couturière a les mains libres pour guider le tissu. Cette machine connaît un important succès et équipe dès lors de nombreux ateliers de confection.

Pour mieux

La porte d'Ishtar, à Babylone, couverte de briques en céramique.

Après être devenu agriculteur et avoir construit des villages, l'homme bâtit des villes, des ponts, des routes…

Les premières briques

Vers 3500 av. J.-C., dans la région de l'actuel Irak, les Mésopotamiens construisent des cités qu'ils entourent d'épais remparts. Ne possédant pas de carrières de pierre, ils emploient l'argile qu'ils mélangent à de la paille et de l'eau. Une fois moulée, cette boue prend l'aspect de briques qu'ils laissent sécher au soleil (voir p. 22). Grâce à ces briques, ils élèvent des murs.

Bitume et céramique

Les briques résistent mal à la pluie. Pour les rendre imperméables, les Mésopotamiens les enduisent de bitume, un goudron naturel élaboré à base de pétrole. Aux environs de 1500 av. J.-C., pour rendre les palais des rois plus somptueux on les recouvre de carreaux de céramique colorés qui ont été émaillés et cuits dans des fours.

Les Égyptiens bâtissent en pierre

Vers 2700 av. J.-C., les Égyptiens élèvent les premières pyramides.

Effet levier

Ces incroyables tombeaux des pharaons qui doivent durer toute l'éternité sont construits en pierre. Les palais, eux, sont édifiés en briques. Les Égyptiens ouvrent des carrières de grès et de granite. Ils taillent des blocs à l'aide d'outils en pierre très dure.

La grue inventée par les Grecs.

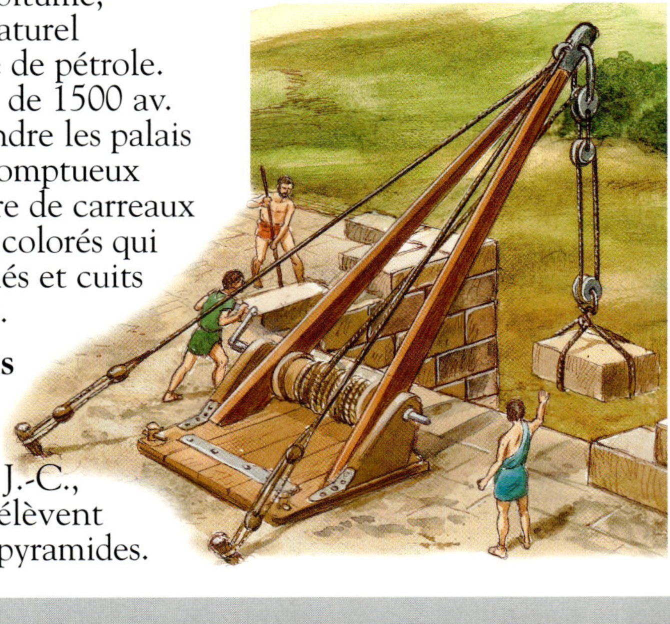

construire

Les bâtisseurs emploient le fil à plomb et l'équerre pour respecter les lignes verticales et les angles droits. Les Égyptiens découvrent également l'usage du levier, un long bâton de bois qui décuple leur force.

Les Grecs inventent la grue

Constructeurs de nombreux temples, théâtres et autres monuments, les Grecs fabriquent la première grue. Tout en bois, elle a la forme d'un « A ». Grâce à une corde qui passe dans plusieurs poulies, un homme seul parvient à lever des pierres de plusieurs dizaines de kilos !

Les Romains imaginent le béton…

Les Romains, qui conquièrent le pourtour de la Méditerranée à partir du IIe siècle av. J.-C., sont des bâtisseurs de grand talent. Ils découvrent le béton, qu'ils obtiennent en mélangeant des cendres des volcans, de la chaux et de l'eau, et qui devient très dur en séchant. Ils le coulent entre deux rangées de pierres ou de briques pour épaissir leurs murs. Ils passent également maîtres dans l'art d'édifier des voûtes rondes avec des pierres taillées. Cette technique permet de

Les Romains font énormément évoluer le paysage du sud de l'Europe : ils édifient des ponts, des amphithéâtres, pavent les voies importantes… Pour cela, ils imaginent des techniques de construction nouvelles.

construire des ponts et aqueducs à arches.

… et ouvrent des routes

Voulant circuler rapidement à l'intérieur de leur empire, dès 312 av. J.-C., les Romains aménagent des voies pavées. La chaussée, large de 4 m, est creusée, remplie de gravier et de ciment puis recouverte de grandes dalles de pierres plates. Sur ces milliers de kilomètres qui sillonnent l'Europe, les chars les plus

rapides parcourent jusqu'à 200 km par jour !

Les limites de l'art roman

À l'approche de l'an mille, l'Europe chrétienne bâtit de nombreuses églises de style roman, inspiré des voûtes rondes romaines. Ces monuments sont construits en pierre car le bois, déjà très utilisé pour les maisons, les premiers châteaux et les bateaux, devient rare et, de plus, on redoute les incendies. Mais dans des constructions où même le toit est en pierre, les murs doivent supporter des charges très lourdes, ils sont épais et percés de peu d'ouvertures.

Des églises plus élevées et mieux éclairées

Au début du XIIe siècle, l'abbé Suger, le curé de la basilique des rois de France, à Saint-Denis, veut une église plus haute et, surtout, plus éclairée par de grands vitraux. Il lance les premières croisées d'ogives : la voûte forme un arc brisé. Cela permet de mieux répartir le poids de la construction sur les piliers et donc d'augmenter la hauteur de l'édifice. À l'extérieur, des arcs-boutants consolident l'ensemble. Le style gothique connaît un grand succès en Europe du Nord, en France, en Allemagne et en Grande-Bretagne.

La fer franchit les rivières

À la fin du XVIIIe siècle, les hauts-fourneaux de Grande-Bretagne produisent de grandes quantités de fer. Les audacieux Britanniques Abraham Darby et John Wilkinson utilisent des poutres de fer pour lancer le premier pont en métal en 1781. Sa plus longue portée est de 30 mètres.

Le béton s'arme de barres de fer

Le béton, connu des Romains, est de plus en plus utilisé car il coûte moins cher que la pierre. Hélas, il n'a pas la même résistance. En 1848 et en 1849, les Français Joseph-Louis Lambot et Joseph Monier ont une même idée : introduire des barres de fer dans le mélange de gravier, de sable et de ciment.

Le premier pont en métal construit en Angleterre en 1781.

Ce pont, construit à New York en 1915 pour faire passer une ligne de chemin de fer à travers l'East River, fut le plus long pont en acier du monde.

Ce béton armé permet de construire d'immenses dômes, de très longs ponts et de très hauts immeubles.

L'acier va « gratter le ciel »

En 1871, la ville américaine de Chicago a été détruite par un incendie. Pendant sa reconstruction, on imagine d'édifier des immeubles plus hauts. Mais comment faire ? En 1885, l'architecte américain William Le Baron Jenney propose de construire une immense cage en assemblant des poutres d'acier, un métal beaucoup plus résistant apparu au XIXe siècle (voir p. 20/21). Ensuite, l'immeuble serait habillé de plaques de béton. La course au gigantisme est lancée : un an après, toujours à Chicago, un immeuble atteint 21 étages. En 1930, à New York, l'Empire State Building est haut de 390 m et compte 102 étages. Depuis 1997, les deux tours Petronas, à Kuala Lumpur, en Malaisie, détiennent le record mondial avec leurs 451 m de haut !

Résister aux caprices de la Terre

Dans les pays qui sont souvent frappés par des secousses sismiques, les immeubles sont construits de manière à ne pas s'effondrer. Les fondations descendent très profondément dans le sol. Des éléments composés de matériaux élastiques, qu'on appelle des amortisseurs, sont placés entre les fondations et le sol du bâtiment. En cas de tremblement de terre, l'immeuble bouge mais ne s'effondre pas.

L'Empire State Building, en construction, en 1930 à New York. Il demeure pendant 40 ans l'immeuble le plus haut du monde.

Trouver des remèdes

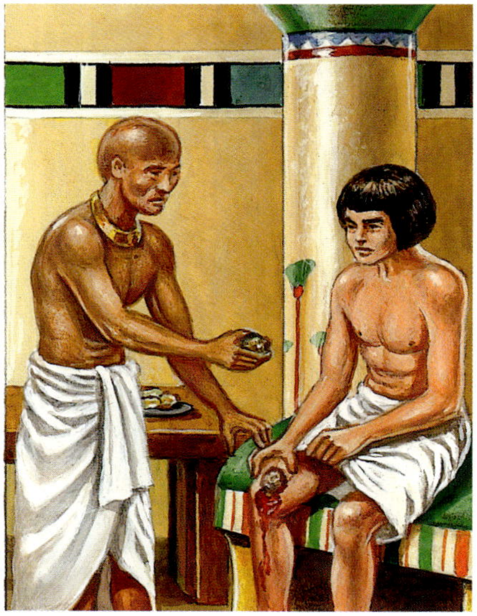

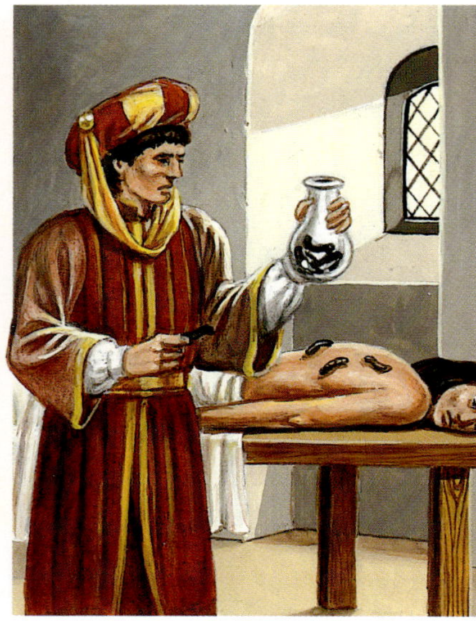

Les Égyptiens soignent grâce aux plantes et même à de la mie de pain moisi. Les Romains pratiquent la pose de ventouses censées expulser le mal. Longtemps, les sangsues sont utilisées pour sucer le sang impur et, aujourd'hui encore, elles aident à certaines cicatrisations.

Pendant des milliers d'années, on considère que la maladie est due aux mauvais esprits. Les médecins prêtres-sorciers soignent les malades avec des remèdes à base de produits naturels et des formules magiques.

Des soins naturels

C'est probablement en observant les animaux se nourrir de plantes lorsqu'ils sont malades que les hommes ont eu l'idée de se soigner avec des feuilles, des graines, des racines, des écorces… et avec un grand nombre d'autres substances telles que du sang, des graisses, de la corne réduite en poudre, du miel… Autant de remèdes utilisés pour calmer la douleur, faire baisser la fièvre, favoriser la cicatrisation…

Chercher à évacuer le mal

Au Moyen Âge, on pense qu'il faut évacuer le mal du corps du patient et purifier son organisme pour l'amener vers la guérison. Ainsi, pratique-t-on beaucoup les saignées et la pose de sangsues, des vers qui sucent le sang. Au lieu de rétablir le malade, les saignées l'affaiblissent.

L'acuponcture

Cette technique chinoise utilise de fines aiguilles. Selon la légende, elle serait apparue plus de 1 000 ans av. J.-C. Un soldat grippé et incapable de combattre avait été abandonné sur un champ de bataille. Deux jours plus tard, il était de nouveau sur pied. Entre-temps, il avait été touché par une flèche à un endroit très spécifique de la cheville ce qui avait entraîné sa guérison… Cette histoire donna l'idée de planter des aiguilles dans des zones très précises du corps pour soigner certains maux.

pour soigner le mal

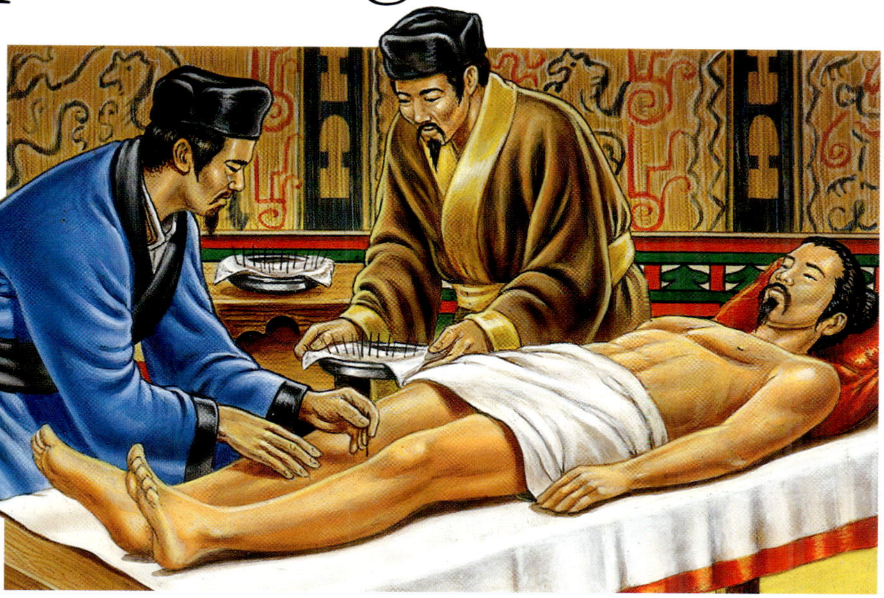

L'acuponcture, pratiquée très tôt par les Chinois, est également employée de nos jours par les Occidentaux.

Les suppositoires

Administrer les médicaments directement à l'intérieur du corps paraît assez efficace. La méthode des suppositoires est connue des médecins arabes depuis le Xe siècle. À partir du XVIIIe siècle, ils remplacent en Europe les lavements pratiqués en injectant de l'eau dans l'anus. Les suppositoires sont d'abord préparés avec du miel séché puis avec du beurre de cacao blanc. Cette graisse qui fond à la température du corps, enveloppe le remède qui doit traiter la maladie.

L'apothicaire prépare les médicaments

Avec le médecin grec Hippocrate, qui vit au IVe siècle av. J.-C., la médecine perd peu à peu son aspect magique et apparaît de plus en plus comme une science. On rédige des traités qui décrivent les remèdes à employer contre telle ou telle maladie. En Europe, à la fin du Moyen Âge, les alchimistes distillent les plantes en les faisant chauffer. Ils extraient la partie qui est la plus utile pour soigner. Ils donnent ainsi naissance à un nouveau métier, celui d'apothicaire, qui prépare les médicaments.

L'aspirine issue du saule

En 1897, le chimiste allemand Felix Hoffman élabore l'aspirine, un médicament qui agit contre la douleur, la fièvre et les rhumatismes. À partir de l'écorce de saule, utilisée depuis près de 5 000 ans, il confectionne des comprimés qui sont ensuite fabriqués en usine.

Au XIIIe siècle, la profession d'apothicaire est officiellement reconnue. La médecine devient une science.

Lutter contre les

La première tentative de vaccination fut entreprise par un Britannique : E. Jenner.

Aux XIXe et XXe siècles, on découvre comment lutter contre les virus qui pénètrent dans les cellules du corps et les bactéries qui circulent dans le sang. Des millions de malades vont être sauvés.

Apprendre au corps à se défendre seul

Aucun médicament ne peut tuer les virus, ces organismes microscopiques qui s'introduisent dans les cellules. Le corps doit se défendre seul. Pourtant, on peut l'aider grâce à la vaccination. Les Chinois utilisent déjà ce procédé 1 000 ans av. J.-C. contre la variole, une maladie contagieuse qui provoque l'apparition de pustules sur la peau. En effet, les Chinois ont découvert qu'en réduisant en poudre les croûtes de ces boutons et en les faisant avaler par le nez à ceux qui n'ont pas encore la variole, ces derniers évitent la maladie.
Des voyageurs rapportent cette observation en Europe, mais les médecins n'en comprenant pas le principe, ils ne l'utilisent pas.

Une maladie de vache qui protégerait les humains...

En 1776, lors d'une grande épidémie de variole en Europe, le médecin britannique Edward Jenner rencontre une jeune fermière qui se dit immunisée* contre la maladie. Ayant auparavant attrapé la vaccine, un mal qui se développe sur les mamelles des vaches, elle n'attrape pas la variole. Edward Jenner étudie cette maladie animale. Il se rend compte qu'elle est très proche de la variole mais qu'elle n'est pas dangereuse pour l'homme et que celui qui l'a eue ne peut plus être atteint par la variole !
Vingt ans plus tard, il injecte du pus de vaccine dans le sang d'un jeune garçon. Une pustule apparaît sur sa peau quelques jours plus tard, mais elle guérit toute seule. Jenner appelle sa pratique la vaccination (du nom de vaccine).

L'explication de Pasteur

En étudiant le sang humain, le Français Louis Pasteur découvre que ce sont les globules blancs qui détruisent les virus. En injectant le virus mort ou très affaibli d'une maladie comme la rage par exemple, ces globules apprennent à se défendre contre elle. Si, plus

virus et les bactéries

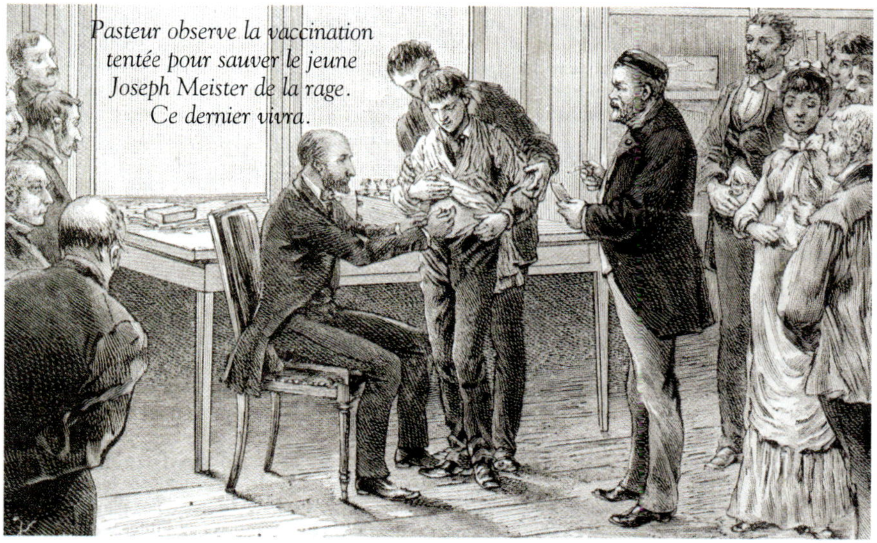

Pasteur observe la vaccination tentée pour sauver le jeune Joseph Meister de la rage. Ce dernier vivra.

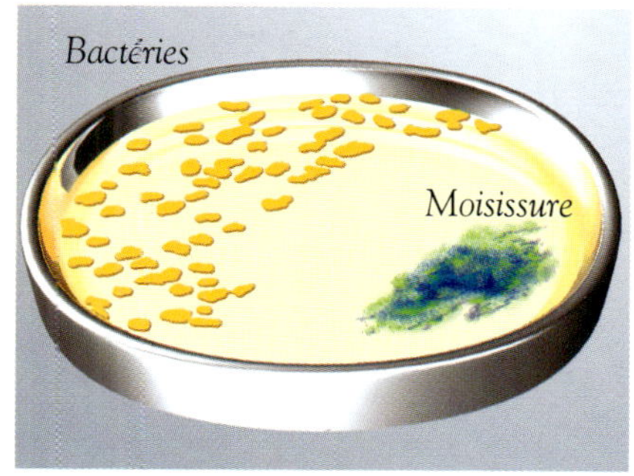

Fleming constate que la moisissure verte qui s'est développée en quelques jours a tué les bactéries qui se trouvaient autour.

tard, un virus beaucoup plus actif pénètre dans le sang, le corps saura se défendre. En 1885, grâce à ce principe, Pasteur sauve un garçon atteint de la rage en lui injectant des virus très affaiblis récupérés sur des lapins enragés. L'enfant guérit. Dans les années suivantes, la vaccination permet de vaincre des maladies aussi terribles que la tuberculose, la poliomyélite, la typhoïde...

La pénicilline, une découverte due au hasard

En 1928, le médecin écossais Alexander Fleming étudie les bactéries responsables de maladies. Aucun médicament n'existe encore pour détruire ces corps microscopiques qui se développent dans le sang. Alors qu'il entre dans son laboratoire après quelques jours de congés, il découvre qu'une moisissure s'est développée dans une des boîtes de culture*. Les bactéries qui se trouvent autour de la moisissure sont mortes, tandis que celles qui sont sur les bords de la boîte sont vivantes. La moisissure capable de détruire les bactéries se nommant *Penicillium notatum*, Fleming donne le nom de pénicilline à ce nouveau médicament. C'est le plus ancien des antibiotiques*. Grâce à lui sont enfin vaincues des maladies mortelles.

Alexander Fleming.

Pour un meilleur

L'examen des urines est pratiqué dès le Moyen Âge. À l'époque, il est peu fiable, mais aujourd'hui, il est sûr et permet de déceler certaines maladies.

Avant de soigner les patients, il faut savoir de quelle maladie ils souffrent. Jusqu'au XVIIIe siècle, les médecins ne disposent d'aucun outil pour les aider à établir un diagnostic.

L'observation

Les médecins grecs observent leurs malades et leurs posent des questions. Au Moyen Âge, les médecins examinent la couleur des urines, les goutent et les sentent. Ils prennent le pouls et s'assurent qu'il bat doucement ou rapidement mais ils ne comptent pas le nombre de pulsations par minute. Comment le pourraient-ils ? Les montres n'existent pas encore.

Premier thermomètre

Autour de 1610, le médecin italien Santorio cherche à mesurer la fièvre de ses malades. Il s'inspire du thermomètre dont le principe avait déjà été décrit par les Grecs au IIIe siècle. Il fait fabriquer un tube en verre fermé d'un côté par une petite boule. Il place le tube dans un récipient rempli d'eau. Le malade prend la boule dans sa main. Sous l'effet de la chaleur, la pression de l'air diminue et l'eau monte de quelques millimètres. Jusqu'au milieu du XIXe siècle, où apparaît le thermomètre à mercure, la prise de température est très peu pratiquée.

Écouter résonner la poitrine...

Fils d'aubergiste, Léopold Auenbrugger voit son père frapper ses barriques pour déterminer la quantité de vin qu'elles contiennent. En 1761, ce médecin autrichien imagine de taper certaines parties du corps

Le pincipe du thermomètre. La main fiévreuse réchauffe l'air qui s'allège, ainsi l'eau s'élève de quelques millimètres dans le tube gradué.

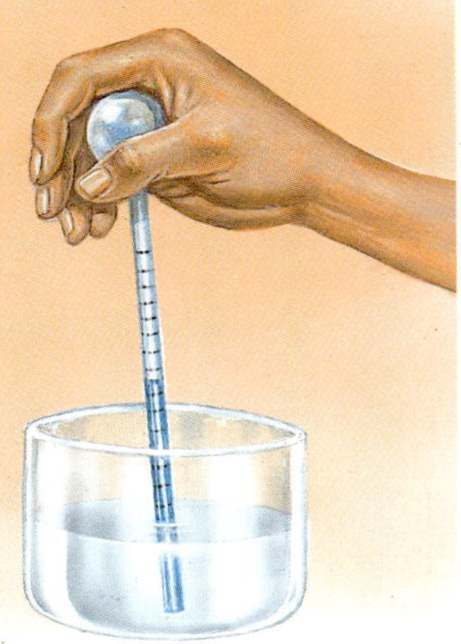

diagnostic

Laennec a l'idée du premier stéthoscope en 1816 (à gauche). En 1817, il présente l'instrument en bois (1). En 1870, il est perfectionné par l'Autrichien Skoda (2).

avec les doigts, et en particulier la poitrine, pour écouter la résonance produite. Un son clair indique que tout va bien, un son mat signale la présence d'un problème. Grâce à cette méthode, le diagnostic des maladies pulmonaires avance.

Un stéthoscope pour mieux entendre

Au début du XIXe siècle, pour écouter les bruits du cœur, il n'y a pas d'autre solution que de plaquer son oreille sur la poitrine de son patient. En 1816, le médecin français René Laennec, qui doit ausculter une jeune femme, est gêné de devoir accomplir ce geste. C'est alors qu'il se souvint avoir vu des enfants jouer autour d'une poutre en bois peu de temps plus tôt. À une extrémité de la poutre, l'un d'eux grattait le bois avec une aiguille. À l'autre bout, ses camarades collaient leur oreille contre la poutre et entendaient le son qui s'était amplifié en parcourant le bois. Laennec roule d'abord des feuilles de papier, les pose sur la poitrine de sa malade et écoute : il entend nettement les sons à l'intérieur de la poitrine. Un an plus tard, il présente un cylindre de bois percé d'un canal étroit : le stéthoscope est né !

Voir au fond de l'œil

En 1850, le physicien allemand Hermann von Helmholtz s'inspire de sa connaissance des télescopes pour mettre au point un instrument permettant l'examen des yeux. Cet ophtalmoscope est constitué d'une loupe et de miroirs qui renvoient la lumière vers l'œil et facilitent son observation. Aujourd'hui, de fortes lentilles remplacent la loupe et des lampes électriques, les miroirs.

Obtenir des

Peu de temps après la découverte des rayons X de Röntgen, apparaissent les premières machines radiographiques.

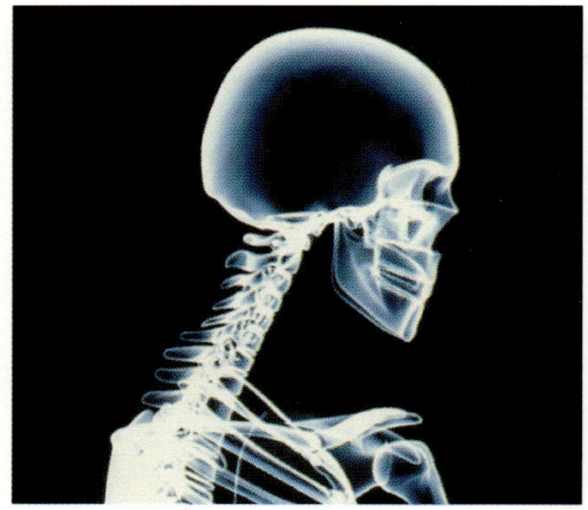

Radiographie.

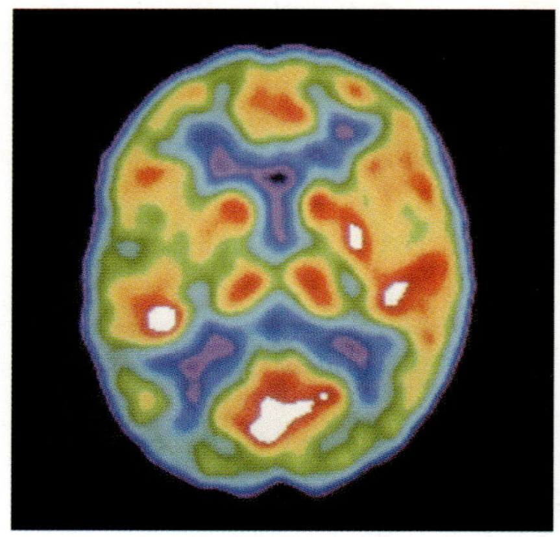

Le scanner prend des dizaines de clichés sous différents angles dont l'ordinateur se sert pour reconstituer une image très détaillée du cerveau.

Voir à l'intérieur du corps sans avoir à opérer devient possible, en 1895, avec la découverte tout à fait inattendue des rayons X…

Qu'est-ce que les rayons X ?

Le physicien allemand Wilhelm Röntgen étudie l'électricité et, en particulier, les tubes à vide d'air qui sont les ancêtres des tubes cathodiques des téléviseurs (voir p. 72). Un jour de 1895, alors qu'il a plongé son laboratoire dans le noir, il se rend compte que son tube émet des rayonnements capables de traverser des matériaux comme du tissu et même d'impressionner une plaque photographique située à quelques centimètres. Il multiplie les expériences et demande à son épouse de poser sa main sur une plaque photographique qu'il éclaire avec un tube à vide d'air. Lorsqu'il développe la photo, les os de la main et la bague apparaissent en blanc, la chair apparaît en noir. Ce phénomène appelé radioscopie est aussitôt employé pour détecter les fractures des os et la tuberculose, une maladie des poumons.

images du corps

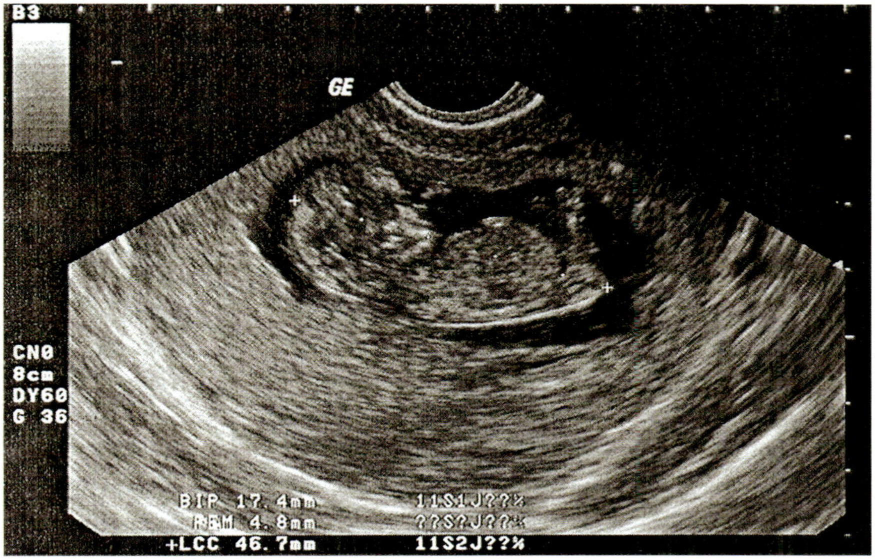

Les ondes envoyées par l'échographe à travers le ventre de la maman rencontrent les différentes parties du corps du fœtus et renvoient sur un écran des images du futur bébé. Ainsi, le spécialiste peut déceler très tôt d'éventuelles malformations.

Le scanner photographie sous tous les angles
Mis au point en 1972 par le Britannique Godfrey Hounsfield, le scanner se sert lui aussi des rayons X. Grâce à de puissants ordinateurs, le scanner donne une image cent fois plus précise qu'une radiographie classique. En outre, il permet d'obtenir des images des parties « molles » du corps humain : cerveau, poumons, foie... Les médecins peuvent voir les endroits atteints par les cancers.

L'échographie, l'utilisation des ultrasons
Cette technique est apparue dans les années 1950. Elle n'utilise pas de rayons mais des ultrasons, des sons si aigus que l'oreille ne peut pas les entendre. L'échographie fonctionne comme un sonar, ce système qui permet de repérer les sous-marins en plongée. Les ultrasons émis sont renvoyés par les obstacles et masses qu'ils rencontrent. Au retour des ultrasons, l'ordinateur reconstitue une image. L'échographie étant sans danger, elle est employée pour « voir », entre autres, le fœtus dans le ventre de sa mère.

Les images encore plus précises de l'IRM
L'imagerie par résonance magnétique (IRM) apparaît en 1972, en même temps que le scanner. Elle offre deux avantages : elle donne des images plus précises encore et n'emploie pas de rayons X qui peuvent s'avérer dangereux pour l'organisme.

Une caméra entre dans le corps
Depuis les années 1960, on dispose d'images de l'intérieur de l'estomac et des intestins grâce à des endoscopes. Ces appareils sont constitués d'une micro-caméra fixée au bout d'un tuyau très fin qu'on introduit dans le corps, soit par la bouche, soit par l'anus. En 2002, des chercheurs japonais ont testé une caméra enrobée dans un comprimé de 2 cm de longueur ! Il n'y a plus de câble, le patient avale la caméra qui transmet ses images en direct. Après avoir traversé l'estomac, puis les intestins, elle est expulsée par le patient lorsqu'il va aux toilettes.

Des opérations

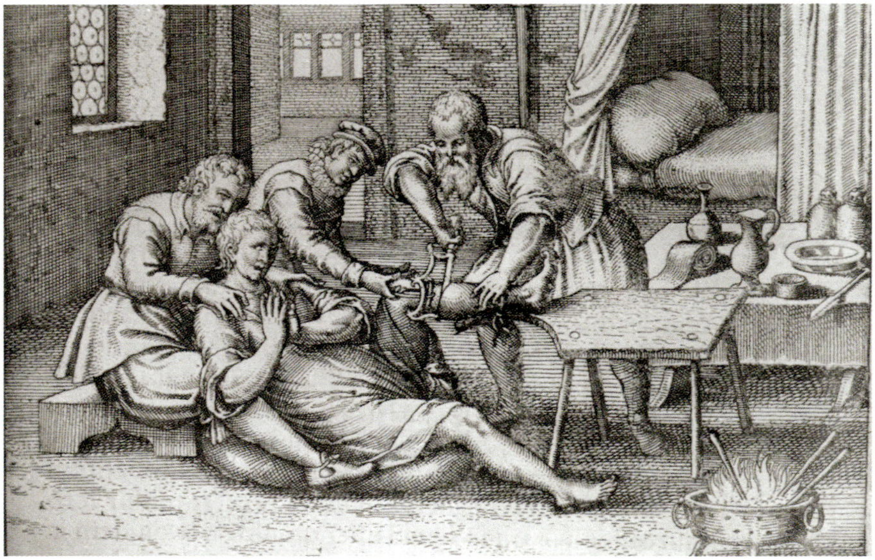

Autrefois, non seulement la douleur provoquée par une opération était insupportable, mais en plus, beaucoup d'interventions se terminaient par la mort du patient à cause des infections dues au manque d'hygiène.

Dès la Préhistoire, des opérations chirurgicales sont pratiquées. Hélas, celles-ci font horriblement souffrir les malades dont bien peu survivent.

Opérer : une pratique très ancienne

On a retrouvé des restes d'hommes préhistoriques dont le crâne avait été trépané, c'est-à-dire percé, et qui avaient semble-t-il survécu. En Égypte, on opérait de la cataracte, une maladie des yeux qui finit par rendre aveugle. Les médecins étaient également capables de réparer des membres fracturés. La scie, les crochets chirurgicaux pour écarter les plaies, le scalpel (lame médicale) sont connus à l'époque romaine. Au Moyen Âge, pour empêcher les hémorragies, on cautérise (par brûlure) les plaies au fer chauffé à blanc. Ainsi, le sang coagule et s'arrête de couler, mais la douleur était insupportable et les risques d'infection étaient grands.

Une victoire contre l'hémorragie

Le chirurgien Ambroise Paré accompagne les armées françaises du roi Henri II au début du XVIe siècle. Il ne supporte pas de voir les blessés souffrir et refuse d'employer le fer chauffé à blanc pour cautériser. Il reprend la technique de suture abandonnée depuis les Romains : il recoud les vaisseaux sanguins avec une aiguille et du fil de soie. Le sang cesse de couler : les décès diminuent sensiblement.

Opération menée par Ambroise Paré, qui fit énormément progresser la chirurgie.

chirurgicales plus sûres

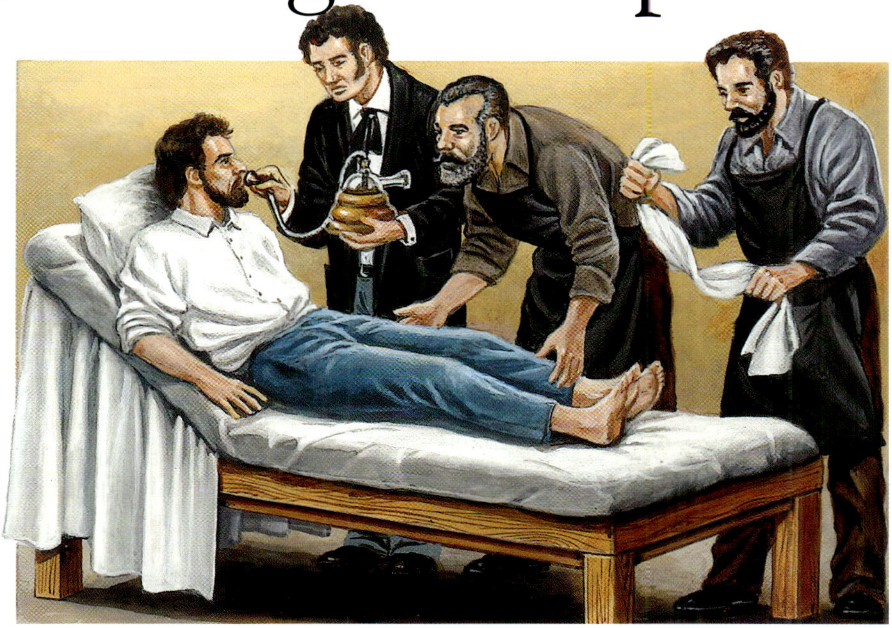

Première anesthésie générale pratiquée avec de l'éther. Le futur opéré inhale l'éther que lui présente le médecin.

Lutter contre la douleur

Pour calmer ou détendre le malade avant d'opérer, on emploie diverses techniques : les Mayas extraient des drogues provenant de champignons, les Romains préparent des potions à base d'une plante appelée mandragore, les médecins du Moyen Âge saoulent les patients avec de l'alcool... Pourtant, les malades souffrent et redoutent les opérations.

Un gaz qui fait rire puis endort

Autour de 1840, le dentiste américain Horace Wells découvre le gaz hilarant. À base d'azote, ce gaz est employé comme attraction dans un cirque : ceux qui en respirent se comportent comme s'ils étaient ivres, parfois même ils tombent et se blessent sans ressentir de douleur. Horace Wells fait respirer ce gaz à un patient avant de lui soigner une dent. C'est une réussite : il ne souffre pas. En 1846, l'Américain William Morton, un autre dentiste, constate que l'éther provoque le même effet d'endormissement. Il l'utilise lui aussi avec succès. Puis on remplace l'éther par le chloroforme qui agit plus longtemps tout en étant moins dangereux.

Des mains propres

Malgré les opérations, de nombreux malades meurent d'infections. En 1847, dans une maternité de Vienne en Autriche, le médecin hongrois Ignace Semmelweis remarque que les mamans qui accouchent avec l'aide de sages-femmes ont moins de risques de mourir que celles qui sont aidées de médecins hommes. En essayant de comprendre ce phénomène, il découvre que les médecins pratiquent également des dissections de cadavres et qu'ils passent d'une salle à l'autre sans se laver les mains. À son avis, les médecins emportent avec eux un mal qu'ils transmettent. Semmelweis les encourage donc à se laver les mains avec de la chaux dissoute dans de l'eau. Aussitôt, le nombre de morts diminue.

Des chirurgiens en tablier blanc

Autour de 1865, en Écosse, le chirurgien britannique Joseph Lister observe que les victimes de fractures ouvertes (avec une plaie) meurent ou sont amputées

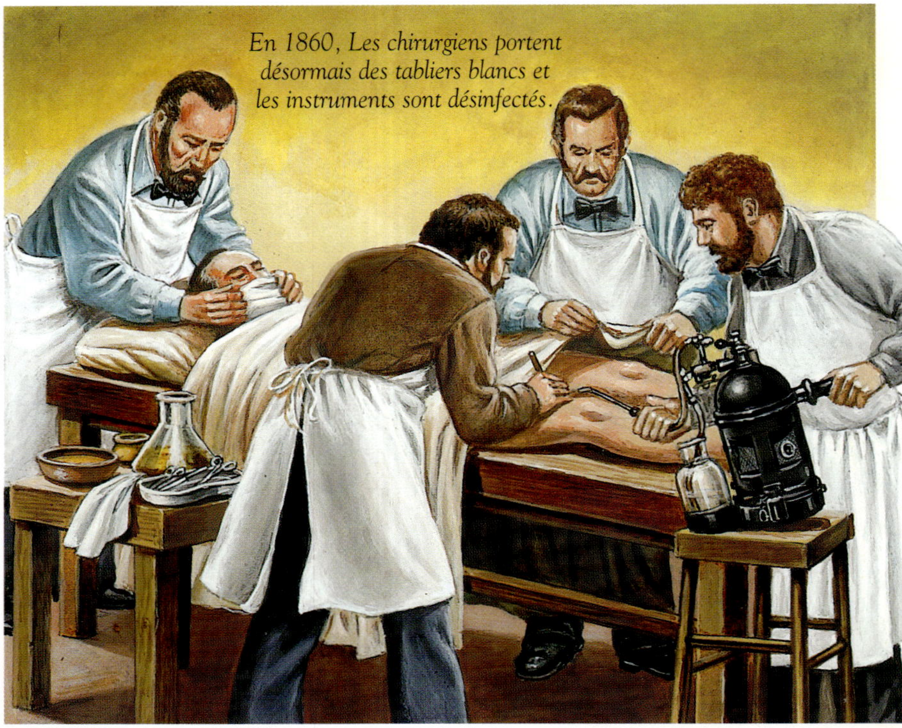

En 1860, Les chirurgiens portent désormais des tabliers blancs et les instruments sont désinfectés.

le médecin autrichien Karl Landsteiner découvre l'explication : tous les individus n'ont pas le même sang. Il existe quatre groupes différents. Avant de procéder à une transfusion, il est donc indispensable de connaître le groupe sanguin du donneur et du receveur pour vérifier qu'il n'y a pas d'incompatibilité. En cas de perte de grandes

Le réseau sanguin tel qu'il était représenté au Moyen Âge.

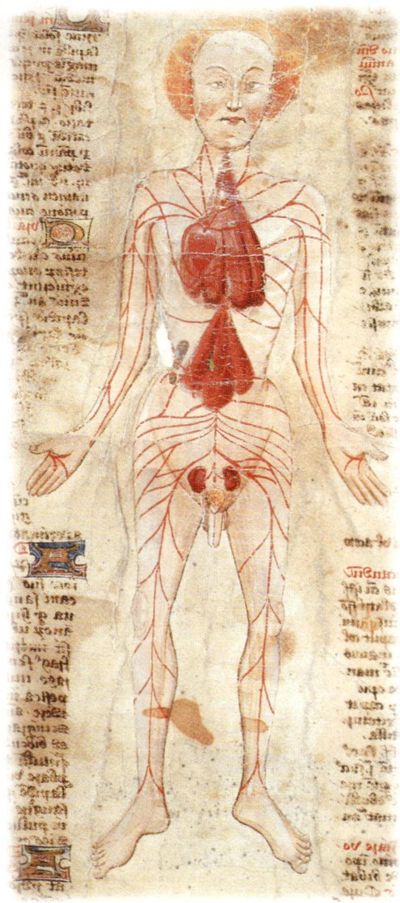

alors que les victimes de fractures fermées guérissent. En étudiant les travaux du Français Louis Pasteur, il conclut que des micro-organismes venus de l'extérieur infectent les malades. Il faut détruire ces microbes. Pour cela, il prend de l'acide phénique utilisé pour nettoyer les égouts et l'emploie pour le lavage des mains, la désinfection des instruments et de l'air. Afin que les tenues des médecins soient plus souvent changées, il opte pour le tablier blanc, sur lequel on distingue mieux la saleté, et abandonne la robe noire. Ces mesures d'hygiène font diminuer le nombre de morts dans l'hôpital.

La transfusion du sang : un geste qui sauve

Depuis la nuit des temps, le sang est considéré comme un élément important de la vie. Pour lutter contre le vieillissement, par exemple, on en donne à boire. Après que le médecin britannique William Harvey découvre en 1628 que le sang circule dans le corps par des veines et des artères reliées au cœur, on ne donne plus le sang à boire mais on l'injecte dans les veines. On teste ces transfusions sur des animaux puis on les pratique sur des hommes. Hélas, souvent, sans qu'on comprenne pourquoi, le sang coagule et le patient meurt. À la fin du XIXe s.,

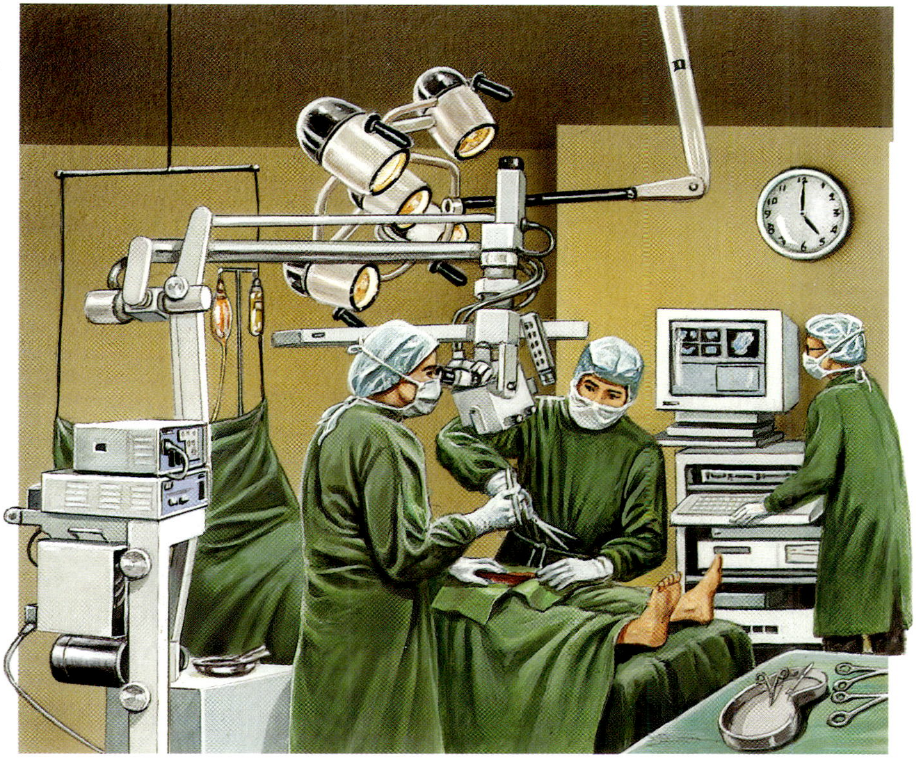

Microscope électronique, programmes informatiques, bistouri laser... permettent aux chirurgiens d'opérer dans des zones du corps humain autrefois inaccessibles, l'intérieur de l'oreille, le cerveau, la moelle épinière, etc.

quantités de sang lors d'un accident ou d'une opération, les transfusions sanguines permettent de sauver la vie.

Le bistouri laser et la microchirurgie

À partir des années 1970, les progrès de l'électronique et de la miniaturisation permettent aux chirurgiens de pratiquer des opérations impossibles auparavant. Le bistouri laser, par exemple, envoie un faisceau lumineux très fin et extrêmement concentré, et coupe les tissus avec une précision beaucoup plus grande que la lame d'un scalpel : c'est un grand progrès pour les opérations des yeux, entre autres. En guidant le laser à l'aide d'un microscope, le chirurgien peut recoudre des vaisseaux sanguins ou des nerfs aussi fins qu'un cheveu !

Des opérations virtuelles

Dans les années 1990, des chirurgiens mettent au point des programmes informatiques qui leur permettent de réaliser des opérations virtuelles. Les étudiants en chirurgie les emploient, par exemple, pour apprendre leur métier.

Opérer à distance grâce aux robots

Les chirurgiens de ce début de XXIe siècle disposent également de robots pour les assister, voire pour opérer à leur place ! Le 7 septembre 2001, le chirurgien Français Jacques Marescaux, qui se trouvait à New York, a opéré une patiente hospitalisée à Strasbourg, en France. Relié par la télévision, le chirurgien manipulait le bras d'un robot, qui commandait lui-même un autre robot exécutant les ordres à 7 000 km de là.
Cette technique encore expérimentale permet à de très grands spécialistes de pratiquer des interventions particulièrement délicates à travers le monde sans avoir à se déplacer.

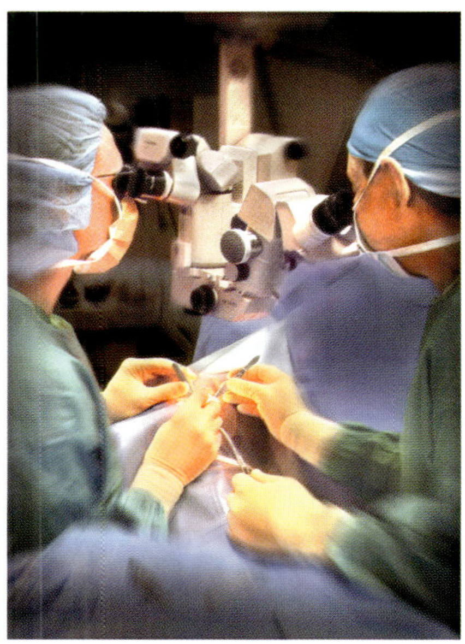

« Réparer » le

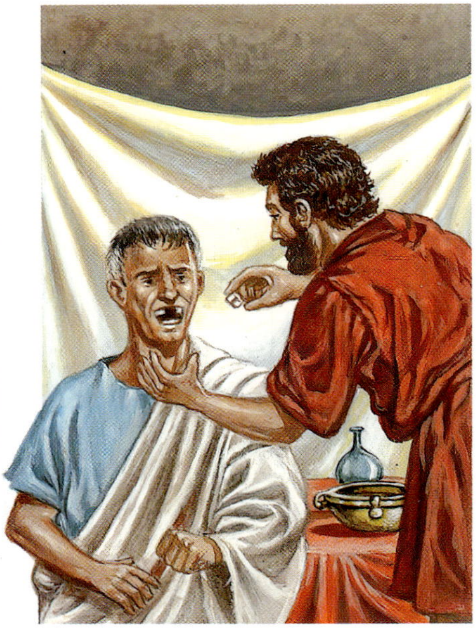

Depuis très longtemps, on a cherché pour des questions esthétiques ou pour des raisons pratiques à « réparer » le corps humain. Ainsi, des fausses dents de Romains ont été retrouvées par les archéologues. Au XVIIe siècle, la première prothèse articulée est mise au point.

Depuis l'Antiquité, on sait remplacer des parties du corps par des prothèses artificielles. Les premières greffes d'organes vivants sont réalisées à partir de 1950.

Des fausses dents pour les Égyptiens et les Romains

Les Égyptiens, 2 500 ans av. J.-C., remplacent déjà les vraies dents tombées par de fausses dents en os d'hippopotame !
On sait aussi que les Romains, aux environs du IIe siècle av. J.-C., sculptent des dents en ivoire ou en métal qu'ils fixent aux dents saines à l'aide de lamelles en or !

Jambes de bois et mains de fer

Dès l'Antiquité, les premiers chirurgiens de l'époque amputent les membres atteints d'importantes infections. On remplace alors les jambes par des pilons en bois et les mains par des crochets en fer.
À la Renaissance, le chirurgien français Ambroise Paré met au point la première main articulée. Tous les doigts sauf le pouce sont mobiles, on peut ainsi les replier avec l'aide de l'autre main.

Des prothèses modernes

Elles profitent des progrès de l'électronique.
Des capteurs enregistrent les mouvements des muscles du morceau de bras ou de jambe et les transforment en signaux électriques qui commandent les rouages de la prothèse. De nombreux gestes comme la marche ou la saisie d'objets redeviennent possibles.

Depuis 1960, le col du fémur, un os qui supporte le poids du corps et devient fragile avec l'âge, peut être remplacé par une pièce d'acier (visible sur ce dessin). Cette opération permet à des milliers de personnes chaque année de continuer à marcher.

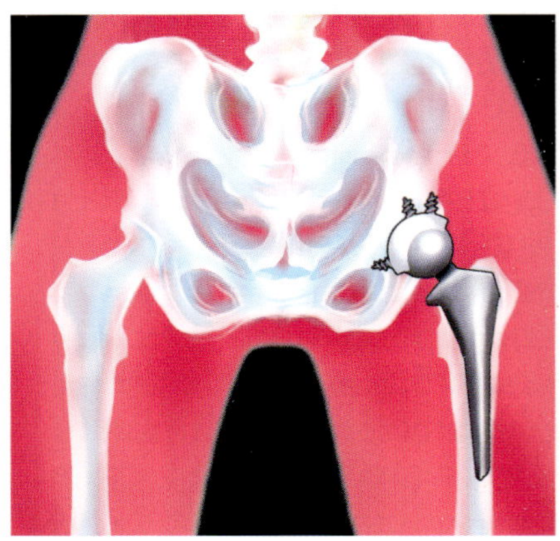

corps humain

Première greffe réussie

L'idée de remplacer l'organe malade d'une personne par l'organe sain d'une autre est lancée à la fin du XIXe s. Des tentatives sont réalisées sur des animaux qui meurent presque aussitôt. Les médecins et chirurgiens s'interrogent plusieurs dizaines d'années avant de comprendre que le corps humain se défend contre un organe étranger qui lui est imposé et le détruit : c'est le rejet. Les recherches butent sur ce phénomène mais, en 1954, le professeur Jean Dausset parvient à greffer un rein. Grâce à des médicaments qui empêchent l'organisme de se défendre, la greffe est acceptée et le malade greffé survit.

Vivre avec le cœur d'un autre

Dans les années qui suivent, de nombreux organes sont ainsi transplantés : foie, rein, poumon...
Le 2 janvier 1968, le Sud-Africain Christian Barnard transplante le cœur d'un jeune homme décédé dans un accident sur un homme de 58 ans qui survit ainsi plusieurs mois.

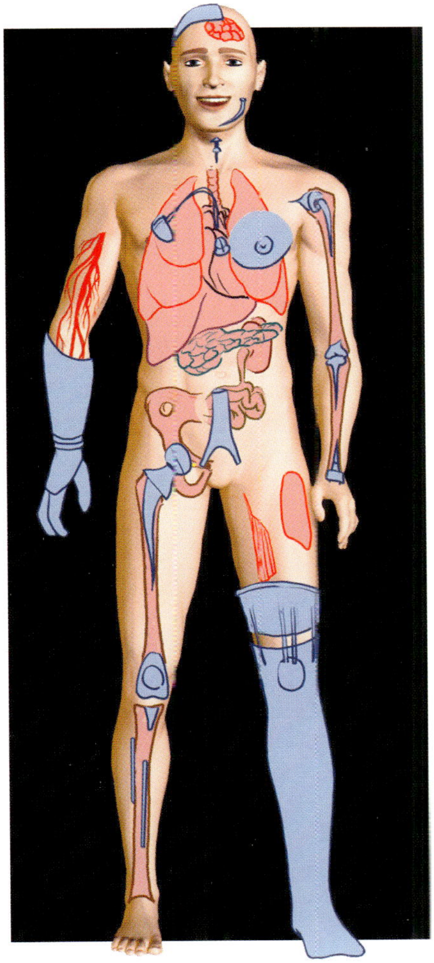

Principales parties du corps que l'on peut greffer ou remplacer par une prothèse.
Prothèses possibles : *plaque crânienne, prothèse de la mâchoire, prothèse dentaire, bras artificiel, jambe artificielle, prothèse de genou, prothèse de hanche, prothèse de poignet, prothèse de sein, jointure des doigts, stimulateur cardiaque, valves cardiaques, articulation de l'épaule.*
Greffes : *poumons, cœur, foie, pancréas, moelle osseuse, reins, peau, partie d'intestin, os, cornée (œil)...*

Une pile pour aider le cœur

En 1930, l'Américain Albert Hyman invente un fantastique appareil : le stimulateur cardiaque. Cette pile envoie des décharges électriques au cœur défaillant pour l'aider à fonctionner normalement. Hélas, il est alors difficile de se déplacer avec ce stimulateur dont la batterie pèse 7 kg ! Après l'invention du transistor et des piles au lithium, on implante un pacemaker de petite taille dans le corps d'un homme en 1958.

Les impulsions électriques du pacemaker provoquent la contraction du cœur lorsque celui-ci ne bat plus normalement.

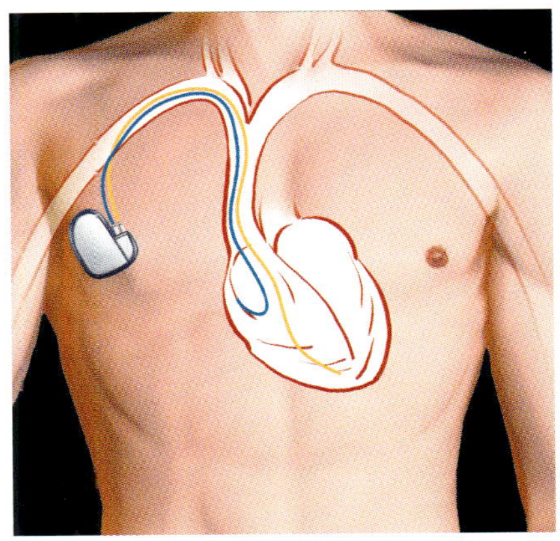

Chronologie des

PRÉHISTOIRE

400 000 av. J.-C.	Le feu
17 000 av. J.-C.	L'aiguille à chas
10 000 av. J.-C.	L'agriculture
7 000 av. J.-C.	Le tissage

ANTIQUITÉ

4 000 av. J.-C.	L'araire
4 000 av. J.-C.	L'irrigation
3 500 av. J.-C.	La roue
3 300 av. J.-C.	L'écriture
2 500 av. J.-C.	Les bateaux à voile
2 500 av. J.-C.	Le verre
1500 av. J.-C.	Le cadran solaire
600 av. J.-C.	Les pièces de monnaie
100 av. J.-C.	Le moulin à eau
100 ap. J.-C.	Le papier
IIe s. ap. J.-C.	L'imprimerie chinoise

MOYEN ÂGE

Ve s.	La boussole
VIIe s.	Le moulin à vent
XIe s.	L'horloge mécanique
XIe s.	La charrue à soc de fer
XIe s.	Le billet de banque
XIIIe s.	Les lunettes de vue

RENAISSANCE

1450	L'imprimerie de Gutenberg
1608	La lunette astronomique
1610	Le microscope

principales inventions

XVIIIe s.

1712	La machine à vapeur
1769	Le fardier de Cugnot (premier véhicule à vapeur)
1776	Le premier sous-marin
1783	Premier envol en ballon
1796	La vaccination
1800	La pile électrique

XIXe s.

1803	La locomotive à vapeur
1826	La photographie
1830	Le moteur électrique
1837	L'hélice
1837	L'anesthésie
1843	Le télégraphe de Morse
1860	Le moteur à explosion
1861	Le vélo à pédales
1869	La locomotive électrique
1876	Le téléphone

1877	Le phonographe
1878	L'ampoule électrique
1886	La voiture à moteur
1895	Le télégraphe sans fil
1895	Le cinématographe
1895	La radiographie
1897	L'aspirine
1899	La moto

XXe s.

1903	Le premier avion
1906	La radio
1926	La télévision
1939	L'hélicoptère
1946	L'ordinateur
1957	La fusée spatiale
1958	Le circuit imprimé
1961	Le premier robot
1969	Internet
1970	La puce électronique
1982	Le micro-ordinateur
1983	Le disque laser

PETIT GLOSSAIRE

Antibiotique
Médicament qui détruit les bactéries, la pénicilline par exemple (p. 111).

Atmosphère
Couche qui entoure la Terre composée de plusieurs gaz, dont l'oxygène que nous respirons (p. 42).

Boîte de culture
Petit récipient transparent dans lequel les biologistes font se développer des micro-organismes pour en observer l'évolution (p. 111).

Canon à électrons
Pièce du téléviseur envoyant les électrons qui forment les images sur l'écran du tube cathodique (p. 72).

Cellule photoélectrique
Appareil qui capte la lumière et la transforme en courant électrique (p. 71).

Combustible liquide
Corps liquide capable de s'enflammer, comme l'essence ou l'alcool (p. 42).

Comprimer
Faire diminuer le volume. Celui de l'air, par exemple, comme dans le réacteur d'avion (p. 13).

Essieu
Pièce de bois ou de métal sur laquelle sont fixées les roues d'un véhicule (p. 27).

Fréquence
Nombre de vibrations des ondes radio. Les hautes fréquences vibrent plusieurs millions de fois par seconde, les basses fréquences plusieurs milliers de fois (p. 61).

Immuniser
Protéger le corps à l'aide d'un vaccin qui apprend à l'organisme à se défendre contre les maladies provoquées par un virus (p. 110).

Magnétisme
Phénomène d'attirance qu'exercent les aimants mais aussi les pôles de la Terre. Il a pour effet d'attirer les objets contenant du fer, comme la pointe de la boussole par exemple (p. 52).

Molécule
Corps invisible à l'œil nu qui est composé d'au moins deux atomes. La molécule d'eau en comporte trois : un atome d'hydrogène et deux atomes d'oxygène (p. 87).

Moyeu
Axe central autour duquel tourne une roue (p. 27).

Orbite
Trajectoire de forme ovale que suivent tous les corps qui tournent autour d'une planète ou d'une étoile. Seule une fusée peut placer un objet en orbite autour de la Terre, au-dessus de l'atmosphère (p. 43).

Poussée d'Archimède
Force qui pousse systématiquement vers le haut tous les corps plongés dans l'eau. C'est cette force qui permet de flotter (p. 49).

Pression
Force qui s'exerce sur une surface, par exemple la pression de l'air (p. 51).

Raffinage
Opération qui consiste à transformer le pétrole en différents produits : essence, gasoil, huile, goudron, etc. (p. 25).

Rayon laser
Rayon de lumière extrêmement concentré et puissant qui est produit par l'excitation d'atomes (p. 67).

Roche fossile
Roche résultant de la décomposition naturelle de plantes ou d'animaux, comme le pétrole (p. 16).

Scribe
Personne qui, sous l'Antiquité, savait lire et écrire. Il exerçait des travaux de secrétaire et, en Égypte, tenait les comptes de l'État (p. 54).

Soc (de charrue)
Partie tranchante de la charrue qui s'enfonce dans la terre pour creuser un sillon (p. 80).

Synthétiques (matériaux)
Matériaux obtenus en transformant des éléments naturels, comme le nylon, obtenu à partir du pétrole (p. 24).

TABLE DES MATIÈRES

CRÉDITS PHOTOGRAPHIQUES

P. 14 : En haut : Coll. Roger-Viollet. **P. 16 :** En haut : Bettmann/Corbis. **P. 18 :** En haut : Bettmann/Corbis. **P. 23 :** En bas : RMN/Chuzeville. **P. 24 :** En haut au centre : Michelin. En bas : DR. **P. 25 :** En haut : P. Perrin/Corbis-Sygma. En bas : Bettmann/Corbis. **P. 26 :** En haut : Dagli-Orti. **P. 32 :** En bas : Bettmann/Corbis. **P. 33 :** En haut à gauche : DR. En haut à droite : Nico/Photolive. **P. 34 :** En bas au centre : Hulton Deutsch coll. /Corbis. **P. 35 :** En haut à gauche : Roger-Viollet. En haut à droite : Corbis. **P. 38 :** En bas : Bettmann/Corbis. **P 41 :** En haut : Hulton Deutsch coll./Corbis. **P. 49 :** Au centre : Dagli-Orti. **P. 51 :** En haut : Hulton Deutsch coll./Corbis. **P. 53 :** En haut : Dagli-Orti. **P. 54 :** En haut à gauche : Dagli-Orti. En haut à droite : RMN/DR. **P. 55 :** RMN/Chuzeville. Au centre : RMN/F. Raux. **P. 58 :** En bas : RMN/Ravaux. **P. 61 :** En haut et en bas : Bettmann/Corbis. **P. 62 :** En haut : Bettmann/Corbis. **P. 63 :** En haut : J.L Fradet. www.tsf36.com En bas : Motorola. **P. 65 :** En haut : J.L Fradet. www.tsf36.com **P. 66 :** En bas : Bettmann/Corbis. **P. 67 :** En haut et en bas : J.L Fradet. www.tsf36.com **P. 69 :** En haut : Appareil de Nièpce et Kodak N1 : Musée N.Nièpce Châlons S/Saône. Autres appareils : DR. **P. 70 :** En bas : Coll. Institut Lumière. **P. 72** : En haut à droite : Schenectady Museum. Hall of Electrical History Foundation/Corbis. En bas à droite : Bettmann/Corbis. **P. 73 :** Original image courtesy of NASA/Corbis. **P. 74 :** En haut à droite : Bettmann/Corbis. En bas à droite : Bettmann/Corbis. **P. 75 :** Bettmann/Corbis. **P. 77 :** En haut : R. Ressmeyer/Corbis. En bas : R. Friedman/Corbis. **P. 79 :** En haut : C. O'Rear/Corbis. En bas : Corbis/Sygma. **P. 85** : En bas : N. Feanny/Corbis Saba. **P. 90 :** En haut : Dagli-Orti. **P. 93 :** En bas : Roger-Viollet. **P. 95 :** En bas : J. Zuckerman/Corbis. **P. 96 :** En haut à gauche : Dagli-Orti. En haut à droite : RMN/J.G Berizzi. **P. 97 :** En bas : Dagli-Orti. **P. 99 :** En haut au centre : Roger-Viollet. **P. 102 :** En haut à gauche : Corbis. **P. 103 :** En haut à gauche : Minnesota Historical Society/Corbis. **P. 107 :** En haut à gauche : Corbis. En bas : Bettmann/Corbis. **P. 111 :** En haut : Bettmann/Corbis. En bas : Corbis. **P. 114 :** En haut à gauche : Bettmann/Corbis. À droite : Cosmos. Au centre à droite : R. Ressmeyer/Corbis. **P. 115 :** DR. **P. 116** : En haut : Bettmann/Corbis. **P. 118 :** En bas : Dagli-Orti. **P. 119 :** En bas : L. Lefkowitz/Corbis.

Couverture : Dessins : B. Alunni/M. C. Lemayeur, J. Dayan, P. Bon.
Photos : Radiographie : Cosmos. Flying Machine : Bettmann/Corbis. Ampoule : Sunset.